GOLDEN VISA
en España
2022

Todo lo que necesita saber para obtenerla

Angélica M. Bendaña R.

ÍNDICE

INTRODUCCIÓN

GOLDEN VISA, es un visado destinado a inversionistas noeuropeos, que quieran vivir, trabajar, estudiar o tener libertad de movimiento dentro de Europa, a través de una "inversión significativa" en alguno de los 13 países que ofrece visado a ciudadanos extracomunitarios. Entre ellos, España es el único país europeo de habla hispana.

Queremos dejar claro que GOLDEN VISA, es un producto de lujo, un permiso de residencia europeo que se puede "comprar". Y nuestro objetivo es mostrar sus beneficios y darlos a conocer en los países hispanoparlantes.

GOLDEN VISA se ampara en la Ley de Apoyo a los Emprendedores y su Internalización *que ofrece* diferentes opciones de capitales y formatos de inversión. Este manual se centrará en el área inmobiliaria que es la más económica al mismo tiempo que la más rentable y donde podemos ofrecer nuestros servicios.

Cuando entramos en este "mundo dorado", había muchas dudas y muy pocas respuestas. Afortunadamente el tiempo ha pasado y el conocimiento general ha aumentado. Las preguntas se han repetido sistemáticamente tanto en nuestra cabeza como entre clientes y amigos, así que ponerlas en orden y en un mismo lugar ha sido el paso siguiente más lógico.

Este documento es una recopilación de la información existente sobre GOLDEN VISA, que luego de un proceso depurativo se ha convertido en un manual. Un texto salpicado de preguntas que confiamos facilite la comprensión del proceso, en la medida que estas vayan surgiendo.

Siempre que sea necesario, citaremos el material jurídico correspondiente y al pie de página el enlace a la web del Boletín Oficial del Estado (BOE) en donde se publican las leyes y sus actualizaciones.

Esperamos que este manual, se convierta en una herramienta útil, antes y durante el proceso, decisión, obtención y disfrute de GOLDEN VISA; tanto para tener a mano la normativa, como para la resolución de dudas en cada etapa del proceso.

También esperamos que os entusiasme la idea de invertir en España, un país multicultural que brinda miles de gratificantes momentos en todos los planos posibles a los extranjeros, ya sean residentes o estén de paso.

Trabajamos con una amplia red de empresas inmobiliarias de gran prestigio, contamos con un equipo de abogados experimentados y tenemos al menos dos opciones de Bancos que nos garantizan eficiencia en la apertura de cuentas bancarias desde el extranjero.

Finalmente, sobre nosotros. Somos extranjeros, de Finlandia y Chile adoptados por esta hermosa tierra que ahora es nuestro hogar. Este proyecto nos ilusiona profundamente porque creemos que tenemos mucho que aportar a vuestra experienciaen España.

Será un placer poner a vuestro servicio nuestros conocimientos e inmenso entusiasmo para una nueva experiencia de vida en Europa. Ya sea permanentemente o porunos años, siempre habrá valido la pena. ¿Os apuntáis?

Angélica&Kristian

ambendana@gmail.com

+34 66 086 29 22

CAPITULO 1.
¿QUÉ ES GOLDEN VISA?

Vivir legalmente en España lleva implícito largos y engorrosos trámites, requisitos, papeleo y mucho esfuerzo, para llegar finalmente a una evaluación que permitirá o no obtener un visado, que de obtenerse estará

condicionado a un período de residencia obligada en el país.

El éxito de GOLDEN VISA, visa dorada o visado para inversionistas, radica en los múltiples beneficios que ofrece, pero, sobre todo, la facilidad de su obtención. Un proceso ágil y eficiente, que la desmarcan de cualquier otra opción tradicionalposible.

El Parlamento Europeo, no está del todo convencido de las ventajas que otorga el visado para inversionistas en relación conel riesgo que implica. Debido a lo cual es posible que a futuro se endurezcan las condiciones para su obtención.

El artículo del periódico la Vanguardia: "Aviso a los 13 países dela UE que VENDEN visados a extranjeros ricos". hace referenciaa los problemas que ha habido por el mal uso o abuso de las posibilidades que este visado abre a los ciudadanos no comunitarios.

El informe de Transparencia Internacional "European Getaway" ("fuga a Europa") hace un llamado al endurecimientode las reglas con el fin de evitar que se repita el mal uso que ciertos países hicieron vendiendo el visado casi sin control en cuanto a la fiscalización del origen del dinero y de los antecedentes criminales de los requirentes. A pesar de ello el número de visas doradas solicitadas y concedidas en España nopara de crecer. Y es una tendencia que debería mantenerse en el tiempo.

Durante 2018 se concedieron aproximadamente 6.000 permisos de residencia en España, de ellos el 10% al amparo de la Ley 14 de 2013. Desde la entrada en vigor, los principales beneficiarios han sido ciudadanos de Rusia, China, Estados Unidos y Venezuela.

A fines de 2018 el periódico El País, señalaba: "España se consolida como uno de los paraísos de GOLDEN VISA". Esto a pesar de que otros países, tales como Chipre y Portugal, ofrecen visados con inversiones inferiores en el área inmobiliaria.

Hemos de aclarar que la denominación GOLDEN VISA es una especie de "nombre artístico" para referirse a un visado que nace durante la crisis, con el objetivo de dar apoyo a los emprendedores y su internalización.

GOLDEN VISA, tiene por objetivo facilitar a los ciudadanos no europeos que se propongan ingresar o residir en España, su acceso y permanencia en el país, por distintas razones de interés económico. Concediendo la autorización de residencia tanto al inversor como a su familia dependiente y directa.

GOLDEN VISA es un visado que se obtiene comprando una o más propiedades por un valor de al menos 500.000€, más casi un 15% del valor entre impuestos y gastos de gestión. Esta inversión sumada al cumplimiento de una pequeña y clara lista de requisitos permite a los ciudadanos de fuera de la Unión Europea obtener un permiso de residencia, de trabajo y de estudio, todo en uno y al mismo tiempo tener derecho a desplazarse como cualquier español por Europa y más

específicamente por la Zona Schengen, sin los deberes que los visados normales implican.GOLDEN VISA podrá ser renovada por dos años la primera y por cinco años la segunda vez, mientras se cumpla con los requisitos originales y se mantenga la inversión de medio millón de euros.A partir del quinto año se podrá optar a la residencia permanente y posteriormente a la obtención de la nacionalidad española.

Requisitos para obtener GOLDEN VISA

Según el Art. 62 de la Ley de Apoyo a los Inversionistas y su Internalización y sus modificaciones señala que *"los requisitos generales para la estancia y residencia"* son los siguientes:

a) No encontrarse irregularmente en territorio español.

b) Ser mayor de 18 años (titular).

c) Carecer de antecedentes penales en España y en los países donde haya residido durante los últimos cinco años, por delitos previstos en el ordenamiento jurídico español. d) No figurar como rechazable en el espacio territorial de países con los que España tenga firmado un convenio en tal sentido.

e) Contar con un seguro público o un seguro privado de enfermedad concertado con una Entidad aseguradora autorizada para operar en España.

f) Contar con recursos económicos suficientes para sí y para los miembros de su familia durante su periodo de residencia en España.

g) Abonar la tasa por tramitación de la autorización o visado.

Quisiéramos agregar cinco requisitos más que la Ley no señala explícitamente en este apartado, pero son de cumplimiento obligatorio, al estar implícitos en el proceso:

1. No ser ciudadano de un país miembro de la Unión Europea.
2. Haber obtenido un Número de Identificación de Extranjero (NIE). Imprescindible para formalizar la compra de la propiedad.
3. Ser titular de una cuenta bancaria en España. Condición necesaria para demostrar los ingresos y pagar la propiedad, los impuestos y costos derivados del proceso.
4. Realizar una inversión inmobiliaria de al menos 500.000€, libres de impuestos.
5. Impreso de solicitud del permiso de residencia debidamente complementado.

¿Son estos requisitos son para cada miembro de la familia?

No. Los requisitos relativos a la compra, tales como la edad (b),la obtención del NIE (2), La cuenta bancaria (3), y la inversión inmobiliaria (4) son exclusivamente para el titular de la solicitud de GOLDEN VISA.

Los requisitos restantes deben ser satisfechos por todos los miembros del grupo familiar que sean parte en la solicitud.

La cuantía del IPREM se considera la cantidad de dinero mínimocon que debe contar al mes una persona que reside en territorio nacional. Es un índice económico español empleado como referencia en la concesión de ayudas, subvenciones y

subsidio de desempleo.

El inversor tendrá que demostrar que en su cuenta bancaria española dispone del valor equivalente al IPREM mensual,para cada uno de los miembros de la familia, durante su permanencia en el país, de acuerdo con la fecha de ingresoy salida de los pasajes aéreos.

El IPREM, cuyo valor se ha mantenido en 537,84 €

desde el año 2017 hasta la fecha.

¿Cuánto es "recursos económicos suficientes"?

La cantidad de dinero requerida en la letra f. es equivalenteal 100% del valor del Indicador Público de Renta

de Efectos Múltiples por miembro del grupo familiar, por mes de estancia en España.

EJEMPLO

Para una familia de cuatro miembros: el titular, la pareja y dos hijos menores o dependientes, habrá que ingresar 537,84€ multiplicado por 4 personas. De esta manera por cada mes de residencia en España la familia tendrá que demostrar que posee un saldo no inferior a 2.151,36€ en su cuenta bancaria.

Destinatarios de GOLDEN VISA

Según el Art. 62.4 de la Ley de Apoyo a los Inversionistas y su Internalización, GOLDEN VISA ha sido concebida pensando en atraer capital extranjero a España. Estando destinada a todos aquellos ciudadanos de fuera de la Unión Europea que pretenden realizar una "inversión significativa" como medio para conseguir la residencia en España.

Muchos inversores han sido atraídos por la estabilidad económica española, así como por su calidad de vida, cultura, oportunidades y la seguridad tanto para realizar una inversión como para residir en el país con la consiguiente apertura al continente europeo.

España se plantea como un lugar óptimo en el que depositar su dinero de forma segura, ganando así de paso un permiso de residencia que evita las exigencias de los engorrosos e inciertos resultados en la solicitud de otro tipo de visados.

Los países entre los que este permiso de residencia con destino España ha ganado más popularidad son, China y Rusia, seguidos por India, Estados Unidos y Venezuela. El 2º país con mayor afluencia de inversionistas es Portugal, que ha recibido ciudadanos de China, Brasil, Sudáfrica, Turquía y Rusia principalmente. En tercer lugar, se encuentra Reino Unido, con inversores de China, Rusia, Estados Unidos, Hong Kong e India.

Un grupo importante de inversores vienen de países en conflicto tales como Líbano, Irán, Suráfrica, Turquía, Hong Kong, Ucrania, Uzbekistán o Kazakstán a quienes GOLDEN VISA les ha permitido escapar a la seguridad de Europa, y que han escogido como principal destino: Bulgaria, Grecia, Hungría o Lituania.

Ventajas de obtener GOLDEN VISA

1.- Residencia española, con la posibilidad de vivir, viajar, trabajar y estudiar en todo el territorio nacional, durante el período de valides del visado.

2.- Total libertad de movimiento en toda la Zona Schengen para el inversor y su familia.

3.- Rapidez en la obtención. Cumpliendo con los requisitos, se puede obtener el visado en un plazo de 3 semanas; pues su obtención es un mero proceso de formalización.

4.- No hace falta que el titular de la solicitud de GOLDEN VISA se encuentre en España para solicitarla.

5.-No obliga a residir permanentemente en España. Recordemos que una "residencia permanente" equivale a residir en el país durante más de 183 días en el año. Con GOLDEN VISA, el único requisito será que los solicitantes viajen a España al menos una vez, durante el período de visado concedido.

6.-La familia directa del inversor está incluida en el permiso de residencia. El cónyuge, los hijos menores y los hijos mayores dependientes tienen derecho a solicitar el visado de inmediato o posteriormente. De acuerdo con las mejoras del marco legal, será posible que los padres dependientes, así como los hijos mayores de edad, solteros puedan también ser beneficiarios de GOLDEN VISA.

¿A qué obliga la obtención del Visado para inversionistas?

Esencialmente a (1) separarse del dinero invertido durante el tiempo que se desee mantener el Visado. (2) A viajar a España al menos una vez durante cada período concedido con el fin de conservar el permiso. (3) Y por supuesto

a mantenerse en el marco de la legalidad europea.

ç

¿Necesito el Visado Schengen si tengo GOLDEN VISA?

No, la buena noticia es que al ser España parte de la Zona Schengen, quienes obtienen la residencia española tienenel mismo derecho que cualquier español a viajar por el espacio Schengen de acuerdo con las normas de este.

CAPITULO 2.

INVERSIÓN INMOBILIARIA EN ESPAÑA

España es especialmente atractiva para el inversor extranjero que desea adquirir propiedades a precios competitivos y con un elevado potencial de crecimiento

en los próximos años.

Auge del mercado inmobiliario español

Quien haya comprado un inmueble en España hace unos años probablemente ha percibido un incremento en el valor de la propiedad de alrededor de un 20 a 30% en algunas zonas.

Existe una demanda de propiedades cada vez mayor, lo cual está impulsando los aumentos de precios. De hecho, el 25% de los británicos pretenden retirarse en el extranjero y España es el destino más popular debido al fantástico clima característico y el menor costo de vida, si se le compara con cualquier otro país europeo.

Por tanto, el crecimiento está impulsado por la demanda, pero es el inversor de dichas propiedades el que más se beneficiará de excelentes rendimientos en sus inversiones inmobiliarias en el país.

Precio de la vivienda

Desde el pico de la burbuja a finales de 2006, hasta finales de 2015 y en el mercado de segunda mano, los precios de transacción real de los pisos en España han bajado el 52-57% de media. En el primer trimestre del año el precio de la vivienda en España subió un 6,3% interanual, lo que supuso el mayor

incremento desde el 3º trimestre de 2007.

Los bajos tipos de interés en la zona euro han impulsado la compra de propiedades porque la vivienda genera mayor rentabilidad que muchas de las otras alternativas; el 3,6% de rentabilidad neta media que ofrece el mercado residencial español se percibe como más interesante que los ofrecidos por los depósitos de los bancos, el mercado de renta fija, además de ser un activo con menos riesgo que las acciones.

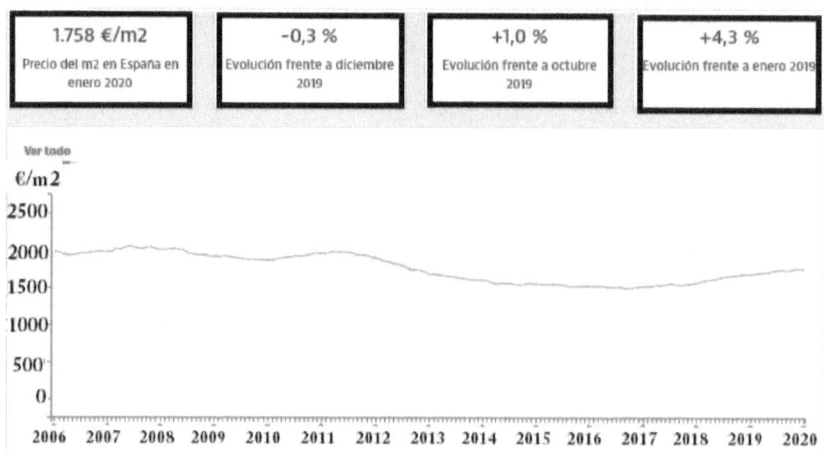

Revalorización en zonas consolidadas

La inversión directa en activos inmobiliarios situados en ubicaciones centrales y *premium* de las grandes ciudades y centros turísticos con mayor demanda continúa siendo una alternativa adecuada.

La revalorización de viviendas y locales comerciales en zonas claramente consolidadas se verá beneficiada por una demanda creciente y una clara escasez de oferta, mientras que el incremento de precios y rentas propios de un nuevo ciclo de progresiva recuperación debería generar una rentabilidad atractiva en el actual entorno de tipos cercanos a 0% y ausencia de inflación.

Ubicación premium en cuidad

Las ubicaciones *premium,* se refieren fundamentalmente a viviendas situadas en zona centro urbana de barrios socioeconómicos de rentas medias/altas y altas en ciudades grandes tales como Madrid, Barcelona y Valencia debido en gran parte a la escasa oferta de segunda mano y donde apenas existe suelo libre para la edificación, son las que dan grandes oportunidades al inversor.

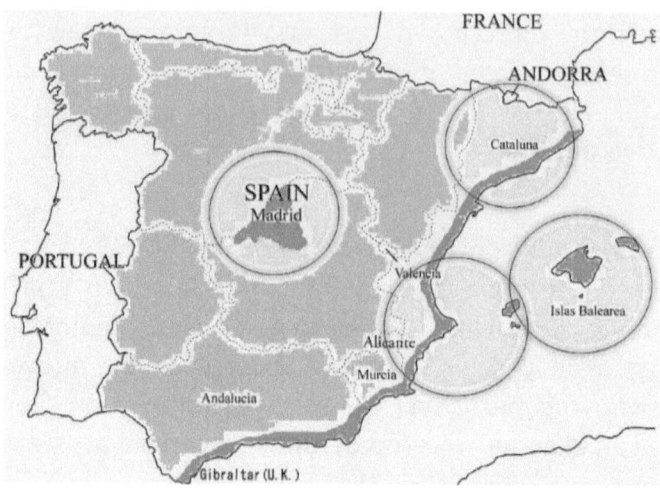

Con estas localizaciones en mente, los informes del Banco de España arrojan buenos datos para el inversor que alquila un inmueble. El rendimiento bruto anual del alquiler se sitúa hoy en el 9,1%, lo que supone niveles máximos desde el boom de 2007. La cifra tiene en cuenta la ganancia por arrendar la vivienda y la plusvalía a 12 meses, esto es, lo que obtendría un inversor si vende la vivienda en el plazo de un año.

Madrid ciudad.

Localización	Precio m2 ene 2020	Variación anual	Máximo histórico	Variación máximo
Madrid	3.718 €/m2	+0,2 %	3.822 €/m2 jul 2019	-2,7 %
Arganzuela	3.983 €/m2	-0,8 %	4.096 €/m2 jul 2019	-2,8 %
Barajas	3.202 €/m2	+3,5 %	3.663 €/m2 mar 2009	-12,6 %
Carabanchel	2.187 €/m2	+2,1 %	3.173 €/m2 jun 2007	-31,1 %
Centro	5.096 €/m2	+2,2 %	5.096 €/m2 ene 2020	0,0 %
Chamartín	5.070 €/m2	-2,3 %	5.216 €/m2 nov 2018	-2,8 %
Chamberí	5.304 €/m2	+0,4 %	5.347 €/m2 ago 2019	-0,8 %
Ciudad Lineal	3.020 €/m2	+0,5 %	3.578 €/m2 oct 2007	-15,6 %
Fuencarral	3.548 €/m2	+5,2 %	3.726 €/m2 mayo 2008	-4,8 %
Hortaleza	3.688 €/m2	-1,9 %	3.806 €/m2 dic 2007	-3,1 %
Latina	2.299 €/m2	-0,2 %	3.019 €/m2 nov 2007	-23,8 %
Moncloa	3.946 €/m2	+2,4 %	4.012 €/m2 dic 2008	-1,7 %
Moratalaz	2.500 €/m2	0,0 %	2.718 €/m2 sep 2009	-8,0 %

Barcelona Ciudad

Localización	Precio m2 ene 2020	Variación anual	Máximo histórico	Variación máximo
Barcelona	4.114 €/m2	-2,9 %	4.279 €/m2 sep 2018	-3,9 %
Ciutat Vella	4.308 €/m2	-1,6 %	4.600 €/m2 oct 2017	-6,4 %
Eixample	4.660 €/m2	-2,6 %	4.934 €/m2 jun 2017	-5,6 %
Gràcia	4.176 €/m2	-7,7 %	4.564 €/m2 feb 2019	-8,5 %
Horta Guinardó	3.105 €/m2	-2,9 %	3.431 €/m2 sep 2008	-9,5 %
Les Corts	4.855 €/m2	+1,5 %	5.325 €/m2 jun 2017	-8,8 %
Nou Barris	2.574 €/m2	+3,9 %	2.941 €/m2 mar 2009	-12,5 %
Sant Andreu	3.236 €/m2	0,0 %	3.336 €/m2 oct 2018	-3,0 %
Sant Martí	3.740 €/m2	-4,0 %	4.085 €/m2 jul 2017	-8,5 %
Sants-Montjuïc	3.509 €/m2	-3,0 %	3.929 €/m2 feb 2009	-10,7 %
Sarrià-Sant Gervasi	5.336 €/m2	-2,0 %	5.454 €/m2 feb 2019	-2,2 %

Valencia ciudad

Localización	Precio m2 ene 2020	Variación anual	Máximo histórico	Variación máximo
València	1.791 €/m2	+3,5 %	2.387 €/m2 feb 2008	-25,0 %
Algirós	1.872 €/m2	+2,4 %	2.208 €/m2 oct 2010	-15,2 %
Benicalap	1.460 €/m2	+8,4 %	2.320 €/m2 abr 2011	-37,1 %
Benimaclet	1.733 €/m2	-7,2 %	2.259 €/m2 ene 2011	-23,3 %
Camins al Grau	1.861 €/m2	-7,0 %	2.436 €/m2 dic 2008	-23,6 %
Campanar	2.156 €/m2	-1,4 %	2.539 €/m2 jul 2009	-15,1 %
Ciutat Vella	2.806 €/m2	+1,2 %	3.189 €/m2 mar 2009	-12,0 %
El Pla del Real	2.501 €/m2	-2,2 %	3.061 €/m2 jul 2010	-18,3 %
Extramurs	2.085 €/m2	+3,4 %	2.490 €/m2 jun 2009	-16,3 %
Jesús	1.344 €/m2	+7,1 %	1.719 €/m2 abr 2010	-21,8 %
L'Eixample	2.878 €/m2	-1,0 %	3.016 €/m2 ago 2019	-4,6 %
L'Olivereta	1.278 €/m2	-3,8 %	1.953 €/m2 feb 2010	-34,5 %
La Saïdia	1.588 €/m2	+5,9 %	1.800 €/m2 jun 2010	-11,8 %
Patraix	1.474 €/m2	+3,7 %	1.811 €/m2 nov 2009	-18,6 %
Poblats Marítims	1.670 €/m2	+2,0 %	1.869 €/m2 feb 2009	-10,7 %
Quatre Carreres	1.664 €/m2	+10,0 %	2.005 €/m2 mayo 2010	-17,0 %

Alojamiento extra hotelero

España da la bienvenida a un gran número de turistas cada año, siendo en la actualidad el 3º país del mundo

como destino favorito, superado únicamente por Francia y EE. UU.

España recibe a más de 25 millones de turistas extranjeros cada año, según la encuesta de Movimientos Turísticos en Fronteras (FRONTUR), difundida por el Instituto Nacional de Estadística

(INE). Gran número de ellos prefieren alquilar pisos, casas y villas, por la comodidad que implica para largas estancias especialmente para familias con niños que buscan las zonas de playa y/o el turismo cultural.

	LLEGADAS		INGRESOS en mill. de euros	
Turismo de sol y playa	39.351.205	52%	39.959	52%
Turismo cultural	8.014.168	11%	8.567	11%
Deporte y naturaleza	2.083.886	3%	1.879	2%

La intensa entrada de inversiones exteriores en España y el buen comportamiento del comercio internacional ha promovido, así mismo, un notable crecimiento de los viajes de negocios de extranjeros hacia los destinos españoles. El Instituto Nacional de Estadísticas (INE) lo corrobora con la cifra de 113,8 millones de turistas en alojamientos extra hoteleros.

Pueblos en la costa mediterránea (Alicante)

Localización	Precio m2 ene 2020	Variación anual	Máximo histórico	Variación máximo
Alicante/Alacant	1.576 €/m2	+3,6 %	1.975 €/m2 feb 2006	-20,2 %
Alicante / Alacant	1.519 €/m2	+6,7 %	1.855 €/m2 mayo 2007	-18,1 %
Alfaz del Pi	1.935 €/m2	+4,1 %	1.962 €/m2 oct 2010	-1,4 %
Alcoy / Alcoi	643 €/m2	-7,6 %	1.057 €/m2 mar 2011	-39,2 %
Altea	2.100 €/m2	+0,5 %	2.132 €/m2 sep 2018	-1,5 %
Benidorm	2.116 €/m2	+2,0 %	2.558 €/m2 sep 2008	-17,3 %
Benissa	2.171 €/m2	+6,2 %	2.232 €/m2 sep 2019	-2,7 %
Benitachell	2.083 €/m2	+8,9 %	2.083 €/m2 ene 2020	0,0 %
Calpe	2.091 €/m2	+6,4 %	2.202 €/m2 mayo 2009	-5,0 %
Denia	1.962 €/m2	+0,6 %	2.109 €/m2 jun 2007	-6,9 %
El Campello	1.787 €/m2	+1,1 %	2.184 €/m2 dic 2007	-18,2 %
El Verger	1.175 €/m2	-7,3 %	1.594 €/m2 mar 2011	-26,2 %

Pueblos en la costa Andaluza

Localización	Precio m2 ene 2020	Variación anual	Máximo histórico	Variación máximo
Andalucía	1.657 €/m2	+10,2 %	1.924 €/m2 jul 2006	-13,9 %
Almería	1.075 €/m2	0,0 %	1.781 €/m2 sep 2008	-39,6 %
Cádiz	1.507 €/m2	+1,5 %	2.128 €/m2 abr 2007	-29,2 %
Córdoba	1.275 €/m2	+4,4 %	1.771 €/m2 nov 2007	-28,0 %
Granada	1.332 €/m2	+10,6 %	1.701 €/m2 dic 2006	-21,7 %
Málaga	2.213 €/m2	+9,3 %	2.213 €/m2 ene 2020	0,0 %
Sevilla	1.434 €/m2	0,0 %	1.934 €/m2 abr 2011	-25,8 %

Alto rendimiento de la inversión

Actualmente, el mercado inmobiliario español ofrece el mayor valor en términos de Retorno de la Inversión (ROI). Muy pocos mercados en Europa ofrecen un ROI mayor que nuestro país.

España es el mejor lugar para invertir en bienes inmuebles, debido a la robusta industria turística del país mencionada anteriormente y los altos rendimientos de los alquileres.

Cataluña y Madrid encabezan la lista de los mejores lugares para tener una vivienda en términos de beneficio potencial, seguidos por las islas Baleares y la costa Mediterránea.

El alquiler gana terreno en el mercado. Su proporción con respecto a las viviendas en propiedad ha crecido notablemente en los últimos años, gracias, sobre todo, a la participación en el mercado de los agentes profesionales que han comprado voluminosas carteras de viviendas.

La expansión del arrendamiento trae consigo un efecto colateral que no resulta despreciable para los propietarios: la rentabilidad del alquiler se sitúa en torno al 6%. Ese rendimiento, en un entorno de productos financieros dotados de tipos de interés mínimos, resulta particularmente atractivo para los propietarios.

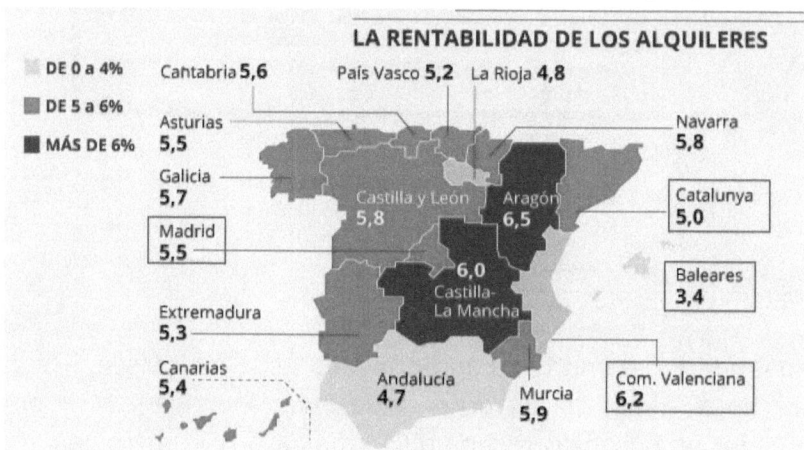

El rendimiento bruto medio del alquiler en España se sitúa en el 5,7% en el 2º trimestre del 2019, un 1,8% más que hace un año, la Comunidad de Madrid (5,8%) superando esta media, seguida de Catalunya (5,6%) y Murcia (5,5%), según el informe "Mercado del Alquiler en España" de Servihabitat publicado recientemente.

Los datos son bastante parecidos al último informe del portal inmobiliario www.pisos.com, donde se señala que por una vivienda media con un precio de 213.696€ y una renta media mensual de 982€. El propietario obtuvo un total de 11.784€ brutos anuales, lo que arrojó una rentabilidad bruta por el alquiler del activo del 5,51%.

Crecimiento de compraventas actualizar

Según el INE el número de transacciones creció un 16,4% en el primer semestre de 2018 hasta un total de 207.600 operaciones registradas. Las transmisiones deviviendas de segunda mano se han disparado en la primera mitad del año con un incremento del 22% en comparación con el periodo enero a junio de 2017. Las comunidades con mayor número de ventas compraventas registradas por cada 100.000 habitantes han sido Baleares, Valencia y Canarias.

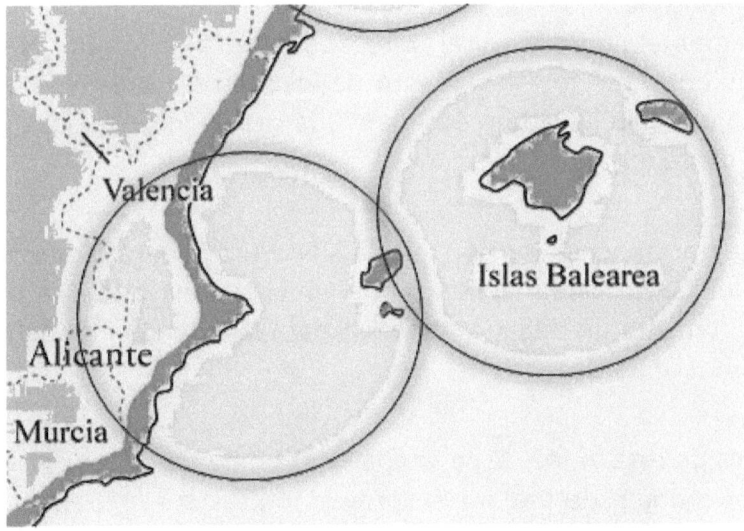

El Ministerio de Fomento, mantiene actualizada las estadísticasde la actividad inmobiliaria en todo el país. Allí podemos ver reflejado el atractivo que la industria suscita y prospectar cuán importante será como uno de los grandes activos de inversión durante los próximos años.

España no sólo es un buen destino para la inversión y la creaciónde empresas, a fecha de hoy probablemente sea una de las mejores opciones en este sentido dentro del ámbito europeo.

El comienzo del crecimiento y a la vez el aumento progresivo dela actividad en los últimos años es un hecho contrastado que sesuma a la posibilidad para el inversor extranjero de adquirir oportunidades a precios mejores que cuando culmine el proceso de consolidación.

Esta es una realidad que desde hace varios años se viene forjando por encima de los factores negativos relacionados fundamentalmente con el mercado laboral. Sin embargo, el crecimiento y el fortalecimiento de los factores positivos son un hecho que han llevado a España a una situación de mejora global en la confianza de los mercados.

A nivel internacional Europa sigue siendo considerada por todala comunidad empresarial como una apuesta seria y segura a largo plazo, y como un destino atractivo para la inversión global de los próximos años.

Dentro de esta visión, España aparece como uno de los países con mayor margen de mejora en proyección, esto se reflejaría en la posibilidad de acceder en mejores condiciones y a mejoresprecios a las inversiones que siguen su proceso de consolidación en el tiempo.

¿Qué comprar y dónde?

Una vez exista la certeza de que se cumple con los requisitos y que se está en condiciones de realizar la inversión, habrá de definirse el tipo de esta. En el área

inmobiliaria las opciones más comunes son:

- Edificios de pisos
- locales comerciales y plazas de garaje
- Apartamentos y villas en zonas turísticas
- Hoteles pequeños /casas rurales

El inversionista que obtenga GOLDEN VISA, para él y su familia, con el fin de residir permanentemente en el país, encontrará en la costa mediterránea la posibilidad de disfrutar de su propiedad, mientras los niños reciben una educación formal (pública o privada) en un ambiente totalmente internacional.

Nosotros hemos escogido la Marina Alta, porque es una zona que ofrece una calidad de vida inigualable durante todo el año. Posee el menor índice de delincuencia del país y un clima maravilloso que lo constituye como el principal destino del turismo europeo, contando con colegios internacionales y a menos de una hora de distancia de importantes aeropuertos en Valencia, Alicante e Islas Baleares (Ibiza, Mallorca y Menorca).

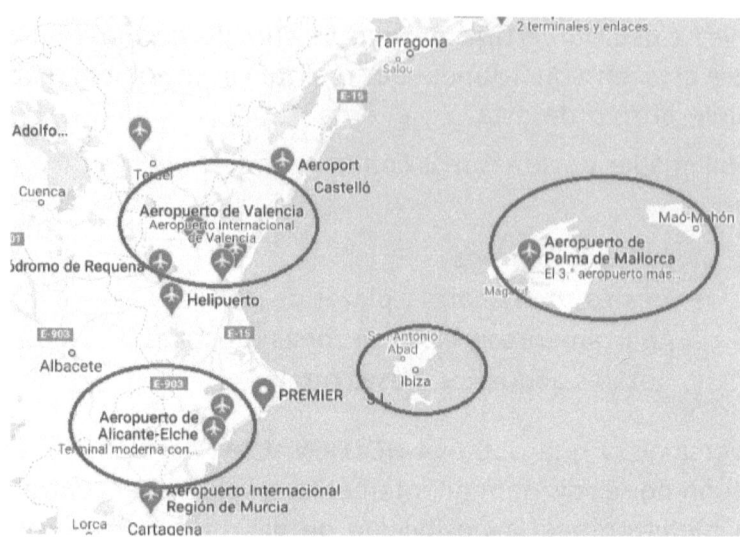

Una villa con jardín y piscina cerca del mar, o dos pisos al lado de la playa, dan al inversionista la opción de alquilar en temporada alta y de disfrutarla en temporada baja o de alquilar durante todo el año de acuerdo con sus intereses y necesidades.

¿Y si no voy a residir en España?

España es uno de los principales destinos para el turismo europeo, por lo cual las propiedades en las grandes ciudades, y sobre todo en la costa, con 320 días de sol al año,

tendrán una ocupación garantizada que podrá rentabilizar fácilmente la inversión.

En la costa mediterránea existe una amplia oferta de empresas que se responsabilizan tanto del mantenimiento de las

propiedades, como del alquiler de estas, para muchos propietarios, principalmente europeos que vienen solo en verano o solo en invierno a disfrutar del clima, la seguridad y la calidad de vida en general.

CAPITULO 3.

PARTES EN EL PROCESO

GOLDEN VISA ha sido concebida pensando en el inversionista y en facilitarle las cosas. Por ello la Ley permite que toda la tramitación pueda realizarse en ausencia del titular.

Nuestro equipo legal e inmobiliario está en condiciones de gestionar el Número de Identificación Extranjeros (NIE), la certificación de antecedentes, la elección de la o las propiedades, la realización de la reserva, la compra y por supuesto la solicitud y gestión de GOLDEN VISA en representación del inversionista desde España.

Consideramos aconsejable contar con un abogado o asesor de confianza en el país de origen, antes de iniciar el proceso. Su participación evitará pérdidas de tiempo y gastos innecesarios en caso de no cumplir con los requisitos iniciales para la obtención del visado.

Este manual, constituirá material más que suficiente para que el asesor en el país de origen -teniendo o no experiencia en el área- pueda asegurarse de que el inversionista cumple con los requisitos de obtención de GOLDEN VISA.

Contamos con una base de datos de abogados en varios países que tienen experiencia en extranjería y podrían ser de apoyo para facilitar la primera etapa del proceso en caso necesario.

Los protagonistas del proceso

A continuación, podemos ver cuáles son los protagonistas, tanto en España, como en el país de origen. La coordinación entre las partes y una comunicación fluida serán la base de un proceso exitoso en esta gran experiencia de vida. Las partes involucradas son:

- El inversionista y su familia. (país de origen)
- Asesor legar del inversionista (país de origen)
- Abogados (España)
- La coordinadora inmobiliaria (España)

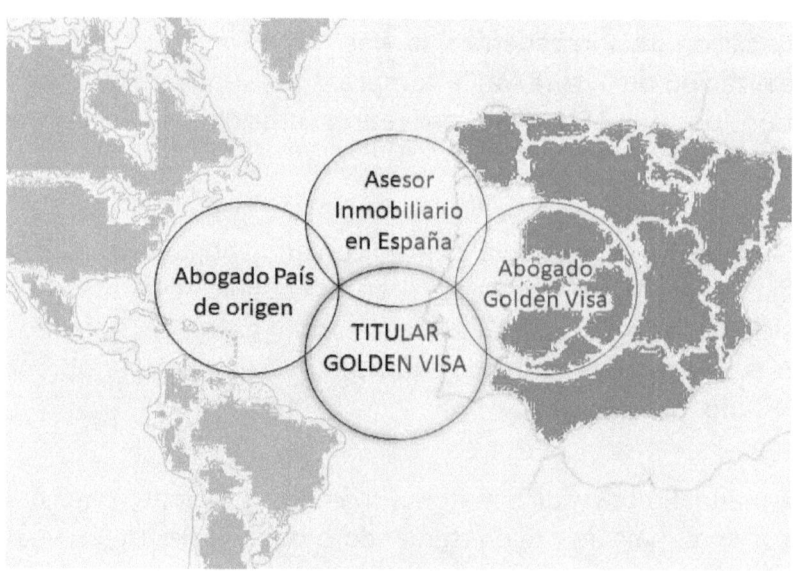

Gestiones en el país de origen

Todo comienza en España, pero desde el país de origen se obtendrán (1) La certificación de los antecedentespenales y (2) La certificación del origen del dinero.

Estos importantes puntos son algunas de las razones por las que consideramos que una contraparte en el país de origen dará al inversionista tranquilidad y al proceso la transparencia necesaria para llevar a cabo la inversión inmobiliaria, sin entrar en gastos y pérdidas de tiempo innecesarios.

Gestiones desde España

Mientras tanto desde España serán de nuestra total responsabilidad, las siguientes gestiones:

- La solicitud del NIE.
- La apertura de una cuenta bancaria para el titular.
- La búsqueda de la/s propiedad/es.
- La gestión de la reserva y compra de la/s misma/s.
- La solicitud y obtención de GOLDEN VISA.

Blanqueo de dinero y seguridad

Para beneficiarse del visado para inversionistas, el origenlícito del dinero debe ser demostrable, y será el banco en primera instancia quien solicite la documentación que lo certifique.

La Ley de blanqueo de dinero es una de las medidas impulsadas para controlar la actividad ilícita en el área europea en general, y en España en particular. Con la Ley de Prevención del Blanqueo de Capitales y de la Financiación del Terrorismo. Con el objetivo de descartar que el solicitante constituya una amenaza en temas de seguridad, la Ley 14/2013, 6... contempla:

"Las Misiones diplomáticas y Oficinas Consulares, al recibir las solicitudes de visados de residencia, efectuarán a la Dirección General de la Policía las consultas pertinentes destinadas a comprobar si el solicitante representa un riesgo en materia de seguridad.

La Dirección General de la Policía deberá responder en el plazo máximo de siete días desde la recepción de la consulta, transcurridos los cuales sin haber obtenido respuesta se entenderá que su sentido es favorable.

CAPITULO 4.

INVERSIÓN INMOBILIARIA

Para nosotros el proceso de obtención de GOLDEN VISA comienza con la generación de un vínculo de confianza entre el inversionista titular de la solicitud de GOLDEN VISA, su abogado y la contraparte inmobiliaria y legal en España.

Comunicación

Nuestra política de trabajo se centra en unacomunicación directa, abierta y fluida entre las partes involucradas.

Debido a que en el 99% de los casos la mayor parte de las gestiones se realizarán a distancia, e incluso con horarios diferentes. Una buena comunicación es imprescindible y para ello todos los medios tecnológicos posibles será de gran utilidad.

Acuerdo de Colaboración

Como todo el proceso necesita una representación en España, deberá formalizarse en un acuerdo de colaboración. Ya sea con nuestra empresa u otra, el proceso se inicia con la contratación de servicios, tanto legales como inmobiliarios a través de un contrato de colaboración definiendo los costos y los servicios incluidos en el proceso.

Poderes

Una vez definido el marco de trabajo se realizará el otorgamiento de poderes a nuestros abogados para (1) La obtención de NIE, (2) La apertura de una cuenta bancaria en España. (3) La posterior reserva y compra de la propiedad. (4) Solicitar la formalización del visado.

Solicitud de NIE

El NIE, es el Número de Identificación para Extranjeros. Es emitido por la Dirección General de Policía para no nacionales. El NIE está compuesto por una letra, 7 números y un código de verificación.

¿Y si ya se es residente legal en España?

Si se reside en España, y se tiene asignado un NIE, tendremos un primer paso adelantado, que facilitará sobre todo la apertura

de una cuenta bancaria. Ampliando la gama de bancos a elegir.

¿Y si se está de paso en España?

Si el inversor se encuentra en España con algún tipo de visado en su período de validez. Su presencia podría facilitar (1) el establecimiento de una relación de confianza con los abogados

y el asesor inmobiliario en España. (2) la apertura de la cuenta bancaria, (3) la visita de propiedades de interés, y finalmente

(4) la gestión de los poderes necesarios para seguir con el proceso de compra y solicitud de GOLDEN VISA.

Apertura de una cuenta bancaria en España

Abrir una cuenta bancaria desde el extranjero no es un servicio que todos los bancos puedan ofrecer. Pero trabajamos con dos entidades bancarias -CaixaBank y Banco Sabadell- que pueden hacerlo en ausencia del titular a pesar del nivel de exigencia de las nuevas normativas o gracias a ellas.

¿Es posible pedir hipoteca en España?

No solo es posible, sino que los bancos estarán muy interesados en otorgarla. Sin embargo, la Ley exige que la inversión de medio millón de euros, más los impuestos y gastos derivados de ella, sea un aporte directo del inversionista y esté libre

de gravámenes.

Esto quiere decir que podría pedirse una hipoteca por la diferencia de precio si la propiedad tuviera un valor superior a 500.000€.

Elección de la o las propiedades

Lo primero será definir las necesidades e intereses del inversionista y su familia. Acotar los criterios de búsqueda para ser más eficientes al encontrar las propiedades. En términos generales habremos de definir. (1) El lugar en que vamos a comprar: Grandes ciudades o costa, (2) El uso que se le quiere dar a la propiedad y en el caso de ser una propiedad para la familia, habremos de acotar sus intereses, gustos y necesidades.

Para ello trabajaremos en conjunto, visitando los portales inmobiliarios más populares en España, tales como www.habitaclia.com. www.idealista.com o www.fotocasa.com entre nuestras favoritas.

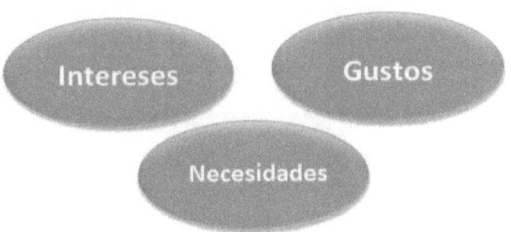

De este modo, tendremos total claridad y podremos refinar la búsqueda en la red de empresas inmobiliarias con las que trabajamos y que no publican su oferta en los portales.

¿Se puede comprar más de una propiedad?

Si, es posible comprar 1 o más propiedades, ya sean pisos, casas, locales comerciales, plazas de aparcamiento o trasteros (lugares de almacenamiento), todo es posible, mientras se cumplan las condiciones de una inversión mínima de 500.000€.

España ofrece una amplia gama en cuanto al valor de las propiedades inmobiliarias, desde 200.000€ a 5.000.000€ o más.

Lo que le interesa al país es que entre capital extranjero a través de la inversión.

Formalización de la compra

Una vez elegida la o las propiedades, haremos un acucioso análisis de ventajas e inconvenientes, hasta encontrar la correcta. Una vez definida la o las propiedades, tomaremos contacto con la agencia inmobiliaria que realiza su comercialización para iniciar el proceso de reserva.

Poder. Para representar al titular en el proceso de formalizaciónde la reserva de la propiedad, en caso de que el poder otorgadopara la obtención de NIE, y apertura de la cuenta bancaria entregado preliminarmente no fuera suficientemente amplio o estuviera fuera de plazo.

Provisión de fondos. En este momento deberá disponerse de fondos económicos suficientes en la cuenta del titular (en España) para realizar el pago de la fianza.

Contrato de Arras. La reserva de la propiedad se realizará a través de un contrato de Arras, con el fin de que la propiedad salga del mercado. Lo normal es pagar una fianza de entre 5.000€ a

10.000€. Su cuantía estará determinada en general, por el interés que tenga el comprador en la misma.

Revisión documentación. El tiempo transcurrido entre la firma de ambos documentos será utilizado para cerciorarse de que todo está en orden con la o las propiedades. Lo cual implica principalmente que estas están libres de cargas, que no hay modificaciones no declaradas, tales como piscinas o ampliaciones y que no está sujeta a ningún plan regulador o similar que pudiera tener una incidencia negativa en el uso futuro.

Contrato de Compraventa. El contrato de compraventa se llevará a cabo en la notaría, en un plazo cercano a un mes, luego de la firma del contrato de arras.

Incumplimiento de Contrato de Compraventa. Durante este período las partes tendrán la posibilidad de desistir ya sea de la compra como de la venta, lo cual está en ambos casos penalizado. Si desiste el comprador, este perderá la fianza que hubiera pagado en el contrato de arras. Si fuera el vendedor quien incumple el contrato, deberá indemnizar al comprador por el doble del valor pagado, esto último con el fin de evitar que el vendedor acepte otra oferta de otro comprador durante el proceso de revisión y formalización de la compra.

Visado provisional

En el marco de la Ley de Mecanismo de Segunda Oportunidad, Reducción de la Carga Financiera y otras Medidas de Orden Social, se ha abierto la posibilidad de obtener un visado o autorización provisional por 6 meses para aquellas personas que todavía no hayan formalizado la compra, pero ya hayan firmado el contrato de arras y depositado el dinero en España.

Podrán prolongar su estancia en el país durante el proceso de compra más allá de los 90 días máximos permitidos con un visado de turista. Pudiendo acceder además directamente a la residencia desde España una vez finalizado el proceso de compra, sin necesidad de regresar al país de origen para tramitar un nuevo visado.

Con este cambio se pretende de algún modo evitar las disfunciones existentes actualmente derivadas de la disparidad de criterios entre unas misiones diplomáticas y otras a la hora de conceder visados turísticos o de negocios, algo que en la práctica supone una traba de base para que el inversor pueda decidir materializar su inversión en España al ver enormemente dificultado su acceso al país en una fase previa a la inversión.

En términos generales en el plazo de un mes luego de la firma del contrato de arras, se llevará a cabo ante notario la firma de la compraventa, estando el inversionista representado por nuestros abogados en caso de no ser posible en su totalidad.

Aquí, la figura de la Notaría cobra un gran protagonismo. garantizando la transparencia del proceso, ratificando que la documentación está en orden y asegurándose de que las partes entienden y aceptan las condiciones de la compraventa en sí.

¿Es la Ley 14/2013 es retroactiva?

No, la Ley 14/2013 de 27 de septiembre de Apoyo a los Inversionistas y su Internalización, entró en vigor al día siguiente de su publicación en el Boletín Oficial de España (BOE), o sea el 28 de septiembre de 2013, y no tiene efectoretroactivo.

Peor aún, en el Art. 66 sobre Autorización de residencia parainversores, el punto 2.b) señala literalmente: *"...la inversión debe estar fechada dentro de los 90 días anteriores a la presentación de la solicitud..."*

Inscripción de la propiedad

Con la escritura de la propiedad nuestros abogados realizarán la Inscripción de la propiedad en la Oficina del Registro. Con la finalidad de dar seguridad a las operaciones que se realizan en el mercado inmobiliario.

El Registro de la Propiedad es una institución del Estado donde se inscriben los inmuebles para saber quién es el propietario y cuáles son los derechos y cargas que recaen sobre ella.

En el Registro de la Propiedad, se inscriben además de la adquisición de propiedades, los derechos reales que recaen sobre ellas, tales como la hipoteca, las servidumbres y las resoluciones judiciales o administrativas.

En términos generales la inscripción de los inmuebles en el Registro es voluntaria, pero al inscribirlos se obtiene mayor seguridad jurídica en las operaciones; que en el caso de solicitud de GOLDEN VISA, constituye un requisito indispensable e ineludible.

La inscripción o registro de la propiedad es una de las acciones más importante previo a solicitar GOLDEN VISA. Desde el momento de la inscripción tenemos solo 90 días entre la compra y la solicitud, por lo que no podemos perder de vista los plazos.

Aunque este registro tomará algún tiempo, el comprobante de registro será suficiente para comenzar el proceso de solicitud de GOLDEN VISA para el titular y su familia

CAPITULO 5.

SOLICITUD DE GOLDEN VISA

Hemos de destacar que la obtención de GOLDEN VISA, no pasa por un proceso de evaluación, sino que es más bien la formalización de un derecho obtenido al cumplir con los requisitos que establece la Ley.

> **¿Es GOLDEN VISA excluyente de otras formas preexistente de obtención de residencia permanente?**
>
> No, no es excluyente. Los permisos y procedimientos existentessiguen siendo válidos. Esta Ley está diseñada específicamente para inversores fuera de la UE y su función básica es ayudar a reducir la burocracia.

Nuestros abogados presentarán la solicitud de GOLDEN VISA, en representación del titular y su familia, con los antecedentes que certifiquen el cumplimiento de todos y cada uno de los requisitos, incluido el documento de registro de la propiedad, a la Unidad de Grandes Empresas y Colectivos Estratégicos.

La UGE-CE, se constituyó en el año 2007 mediante un Acuerdo del Consejo de ministros, para dar respuesta ágil y asesoramiento experto a las necesidades planteadas porempresas y organismos que requieren traer a España personal no comunitario de especiales   características.

¿Cuánto tarda la obtención del visado luego de solicitarlo?

La Ley señala que el plazo de resolución es de 10 días laborables,
pero preferimos pensar que, una vez entregadatoda la
documentación a la autoridad competente, podrántranscurrir
aproximadamente 20 días naturales

antes de conseguir la resolución.

La experiencia habla de 3 semanas en la Comunidad Valenciana,
plazo que podría alargarse hasta a 2 meses engrandes capitales
como Madrid o Barcelona,

donde la demanda de visadoses en
general mucho mayor.

¿Está la familia incluida en la solicitud automáticamente?

No, pero tienen derecho. El visado para la familia debe ser
explícitamente solicitado y cada uno de los miembros de esta
deberá cumplir con todos los requisitos

estipulados anteriormente.

Obtención y duración del visado

Después de haber recibido la resolución con resultadofavorable. El titular y su familia tendrán un mes de plazo para solicitar el visado ante el consulado español del país de origen o directamente, si se encontraran en España.

De acuerdo con la Ley 25/2015, de 28 de julio, de Mecanismo de Segunda Oportunidad, Reducción de la Carga Financiera y otras Medidas de Orden Social, una ventaja, que además supondrá un elemento diferenciador respecto a las regulaciones existentes en otros países, será la supresión del requisito hasta ahora contenido en el *Art. 66.2.b) "haber viajado a España al menos una vez durante el periodo autorizado para residir"* de modo que no existirá obligación de visitar España para poder renovar la residencia.

Es frecuente que no exista una voluntad de residencia habitual en España, sino que el objetivo de realizar la inversión y obtener GOLDEN VISA sea por un lado tener una rentabilidad económicay en segunda instancia contar con un permiso que permita viajar a Europa (territorio Schengen) en cualquier momento en que se necesite, pero sin obligación de ello.

Sin embargo, si su objetivo es la ciudadanía española, su principal interés comercial debe estar ubicado en España a pesar de no tener que residir en el país permanentemente.

De acuerdo con la Ley y sus actualizaciones: "...*La autorización inicial de residencia para inversionistas tendrá una duración de dos años...*"

La Ley de Mecanismo de Segunda Oportunidad, Reducción de la Carga Financiera y otras Medidas de Orden Social, establece algunos cambios que facilitarán la concesión de los permisos y por ende, incentivarán el aumento de las inversiones. Puede revisarse en el Anexo 2, sobre MEJORAS DEL MARCO LEGAL.

Renovación de GOLDEN VISA (Art 67)

Según el Art. 67, sobre duración de la autorización deresidencia para inversores, tenemos que:

"...1. La autorización inicial de residencia para inversores tendrá una duración de dos años sin perjuicio de lo establecido en el Art. 66.3 para compras de inmuebles no formalizadas.

2. Una vez cumplido dicho plazo, aquellos inversores extranjeros que estén interesados en residir en España por una duración superior podrán solicitar la renovación de la autorización de residencia por periodos sucesivos de cinco años, siempre y cuando se mantengan las condiciones que generaron el derecho.

3. Si durante el periodo de residencia autorizado se modifica la inversión deberá, en todo caso, mantenerse el cumplimiento de alguno de los supuestos previstos en el Art 63. No será de aplicación esta previsión en el caso de que la variación del valor se deba a fluctuaciones del mercado..."

Requisitos para la renovación

Los solicitantes de renovación deberán -igual que al principio del proceso- casi dos años atrás:

1. Ser titulares de un visado de residencia para inversores en vigor o hallarse dentro del plazo de los noventa días naturales posteriores a la caducidad de éste.
2. Cumplir con la legalidad europea y española.
3. Seguir contando con los medios económicos para poder vivir en España.
4. Mantener un seguro médico.
5. Mantener la inversión de al menos medio millón de euros en territorio español.

En relación con este último asunto -amablemente la Ley 14/2013 de 27 de septiembre de Apoyo a los Inversionistas y su Internalización, en su Art. 67- ha contemplado un punto interesante en el sentido del valor de la inversión, como una excepción y es que: *"...no será de aplicación este previsto en caso de que la variación del valor se deba a fluctuaciones del mercado..."*

Esto es afortunadamente bastante irreal en nuestra zona, donde las propiedades no dejan de aumentar su valor, debido principalmente a la demanda por parte del turismo europeo.

¿Dónde se realiza la renovación?

Así como la solicitud, la renovación será gestionada por nuestros abogados ante la Unidad de Grandes Empresas y Colectivos Estratégicos (UGE-CE).

¿Incluye la GOLDEN VISA acceso ilimitado dentrode la Unión Europea?

Los titulares de un permiso de residencia español pueden transitar y disfrutar de la libre circulación dentro de la Zona Schengen por un período máximo de hasta tres meses (noventa días), en cada semestre.

¿Sirve GOLDEN VISA para obtener la ciudadanía?

Recordemos que el visado para inversionistas es una delas muchas vías para obtener la nacionalidad española.

En términos generales después de 10 años residiendo de formalegal en España, será posible obtener la ciudadanía.

El pasaporte español es uno de los mejores documentosde viaje, ocupó el 4º lugar en el mundo con acceso

sin visado a 187 países en 2018.

En el caso de los inversionistas, podrán solicitar la residencia permanente a partir de la segunda renovación deGOLDEN VISA.

EJEMPLO

Si un titular de GOLDEN VISA viaja a Italia el 30 de abril,podrá estar viajando a través de los 26 países de la ZonaSchengen hasta el 30 de junio aproximadamente, fecha en la que deberá retornar a España.

Podrá acceder nuevamente al Espacio Schengen, en octubre (siguiente semestre) de ese mismo año cuando sereactivará el derecho a viajar por otros 3 meses.

Hemos de tener en cuenta que no todos los países de la Unión Europea son parte del Acuerdo de Schengen. Anexo 1.

CAPITULO 6.

COSTOS, GASTOS E IMPUESTOS

Retomamos aquí la primera condición para la obtención de GOLDEN VISA (área inmobiliaria) Una inversión inicial mínima de 500.000€ libres de impuesto.

En termino general el inversionista que desee obtener GOLDEN VISA, deberá considerar los gastos, impuestos y costos que alcanza, en términos generales al 15% del valor de la o las propiedades.

$$500.000€ + 15\% \text{ (impuestos + gastos)} = 575.000€$$

El costo del visado en sí varía según el lugar de España donde se tramite, y también según el asesor legar que realice el proceso.En términos generales, el precio oscila entre:

- Titular del visado: 1.500 - 3.500€ + IVA
- Pareja: 1.000 - 2.500€ + IVA
- Hijos: 750 - 1.500€ + IVA

La ventaja es que la inversión es rentable y aún más se puede recuperar con beneficios si el inversionista decide vender la propiedad y volver, luego de un tiempo, o una vez se la nacionalidad, luego de la residencia permanente.

Lo más probable es que con el tiempo, la propiedad obtenga un importante aumento de su plusvalía, especialmente en localidades de la costa del mediterráneo, por su alto interés turístico.

En el siguiente cuadro, tenemos un ejemplo de costos para una familia de 4 miembros, comprando una propiedad de 500.000€ en la Costa Mediterránea, de la Comunidad Valenciana.

	PRECIO	C/IVA
COSTO DE LA/S PROPIEDAD/DES	500.000 €	550.000 €
COSTO GOLDEN VISA 4 INTEGRANTES FAMILIA	4.000 €	4.840 €
GASTOS PROCESO COMPLETO (APROX 15% valor propiedad)		**573.255 €**

I. PROCEDIMIENTO COMPRA PROPIEDAD/PROPIEDADES

SE REQUIERE COMUNICACIÓN INMEDIATA ENTRE EL CLIENTE, ABOGADOS Y AGENTE INMOBILIARIO

Tiempo: entre 15 a 30 días

COSTOS Y GASTOS COMPRA PROPIEDAD	COSTOS	GASTOS	IMPUESTOS
Pago depósito. Cuenta abogados España	6.000 €		
Pago 10% valor propiedad/es, menos reserva	44.000 €		
Pago final	450.000 €		
Tasa transmisión (10%)			50.000 €
Otras tasas e impuestos (notaria, registro propiedad, luz, agua, ayuntamiento, etc)			4.500 €
Tasa abogado PAIS ORIGEN (0,5%+IVA)		2.500 €	525 €
Tasa abogado ESPAÑA (1% + IVA)		5.000 €	1.050 €
Tasa Buyer Agent (0,8%+IVA)		4.000 €	840 €
GASTOS GESTION GOLDEN VISA (detalle abajo)		4.000 €	840 €
COSTOS Y GASTOS TOTALES PROPIEDAD	500.000 €	15.500 €	57.755 €
	100,00%	3,10%	11,55%

Tiempo: entre 30 y 45 días

COSTOS Y GASTOS GOLDEN VISA		COSTOS	GASTOS
Solicitante (1500€ + IVA 21%) TITULAR	1	1.500 €	1.815 €
Solicitante (1000€ + IVA 21%) PAREJA	1	1.000 €	1.210 €
Solicitante (700€ + IVA 21%) HIJOS	2	750 €	1.815 €
COSTO TOTAL GOLDEN VISA ESPANA		4.000 €	4.840 €

Golden Visa con **Marina Alta Properties (MAPs)** - info@golden-visa.info - España

Impuestos en la compraventa

Al momento de realizar la compra de una propiedad incurriremos en gastos relativos a impuestos. A continuación, todos los impuestos en la compra de una propiedad en España:

IVA. Impuesto sobre el Valor Añadido o Impuesto sobre el Valor Agregado. Equivale al 10% del valor de la propiedad. Este impuesto solo se produce en la primera adquisición del inmueble de obra nueva y se paga a la empresa constructora o promotora. Lo paga el comprador.

ITP. Los bienes inmuebles de segunda mano no están gravados con IVA, pero pagan el equivalente a través del Impuesto de Transmisiones Patrimoniales. El ITP variará según el valor de la propiedad, y de la comunidad autónoma donde se haga lacompra. En la Comunidad Valenciana alcanza al 10% del valor de la propiedad (si cuesta menos de un millón de euros). Lo paga el comprador.

Plusvalía. Es un impuesto que se debe pagar a la hora de venderel bien inmobiliario y que grava por el incremento del valor del terreno de naturaleza urbana (una finca, un piso, una plaza de aparcamiento, un local comercial, etc.) como consecuencia de una transmisión, desde que se adquirió hasta que se transmite. Lo paga el vendedor.

El resto de los gastos realizados en el proceso de compra incluirán los honorarios de (1) la Notaría, (2) El Registro de la Propiedad, (3) los abogados y (4) la gestoría inmobiliaria. Todos estos gastos, serán de al rededor del 3% del valor de la propiedad.

Gastos fijos de las propiedades

Una vez somos propietarios tendremos unos gastos fijos anuales que corresponden a:

IBI. Impuesto sobre Bienes Inmuebles, también conocido como "contribución". Grava el simple hecho de tener una propiedad. Es un impuesto municipal, por lo que los ayuntamientos son los responsables de establecer su cuantía y de cobrarlo. Se calcula sobre el valor catastral de la propiedad. Lo paga quien figure el primer día del año como propietario.

EJEMPLO

Si se hace una compra en abril, el IBI debería estar yapagado. Si no es así, será el vendedor quien lo pague.

Tasa de basuras. Es el impuesto que se paga por producir basuras y para tener derecho a la recogida de estos. Lo cobra el ayuntamiento.

IRPF. El Impuesto sobre la Renta de las Personas Físicas es un impuesto que grava la renta obtenida en un año natural. Desde el punto de vista inmobiliario el IRPF es importante, ya que grava lo que obtenemos como ingresos de los alquileres.

En resumen, no son pocos los impuestos que debemos pagar a la hora de vender o comprar un inmueble, por eso, es importante contar con la asesoría y el conocimiento de una gestoría inmobiliaria, no solo a la hora de vender o comprar una propiedad, sino para conocer todos los trámites e impuestos que conlleva.

CAPITULO 7.

VIVIR EN ESPAÑA

España es el primer país de Europa en términos de calidad de vida para los extranjeros residentes. Su principal atractivo es sin duda un excelente clima con más de 300 días de sol al año, que hacen de España el mejor clima mediterráneo en Europa.

El paisaje con 8.000 km. de costa y sus hermosas playas que sumados a su cocina única e internacionalmente famosa están enmarcados por la cultura, la historia y una sociedad abierta y amigable.

España dispone de una atractiva oferta cultural, siendo el 2º país en cuanto al registro de Patrimonio Mundial de la UNESCO y 2º también en mayor número de espacios naturales declarados Reservas de la Biosfera.

Calidad de vida

Uno de los aspectos más interesantes para invertir enEspaña es su calidad de vida. Según la OCDE, se posiciona como el 4º país que mejor equilibrio tiene entre el trabajo y la vida personal. Además, su sistema sanitario es uno de los "más eficientes".

España destaca por su 2º puesto a nivel mundial en cuanto a esperanza de vida, la 3º tasa de homicidios más baja de la Unión Europea, así como por ser una sociedad "pacífica y estable", lo que le otorga el 2º puesto como país más seguro de Europa. España ocupa el 10º lugar mundial entre los mejores sistemas sanitarios del mundo.

Se reconoce a España como uno de los mejores lugares del mundo para educar a los niños. El sistema público educativo español está abierto a los ejecutivos extranjeros y sus hijos. Hay escuelas públicas y privadas con programas especiales que incluyen itinerarios educativos y enseñanza bilingüe.

En España hay registradas 234 escuelas internacionales, de las que cerca del 75% ofrecen titulaciones en inglés, el siguiente idioma más representado es el francés, con el 9%.

La experiencia de los extranjeros

España es el 4º mejor país para vivir y trabajar según los extranjeros, los trabajadores a los que sus empresas trasladan a otro país por motivos laborales. Esa es la conclusión de la Clasificación Anual de HSBC Expat publicado en julio de 2020 por la entidad británica. Este resultado es el mejor que ha conseguido el país ibérico desde el inicio de estos informes 12 años atrás, y ha supuesto un enorme salto respecto a 2018, cuando España ocupaba el puesto número 13.

En esta ocasión, la empresa británica ha contado con las respuestas de 18.059 individuos mayores de 18 años que viven y trabajan fuera de su país de origen, a quienes se ha realizado una encuesta *online* de 27 preguntas, entre febrero y marzo de 2019. El informe ha sido realizado por la firma de investigación YouGov.

De los 163 países se comparan los resultados de los 33 primeros. Los indicadores están divididos en tres grupos:

Calidad de vida:

- facilidad para adaptarse
- la estabilidad política y
- el bienestar físico y mental.

Aspiraciones profesionales:

- aspectos económicos: salario y
- las oportunidades para crecer profesionalmente

Oportunidades para los niños:

- como la calidad del sistema educativo y
- la facilidad de los niños para hacer amigos.

Según esta clasificación, hay tres aspectos por los que España es uno de los destinos preferidos: la seguridad, el clima y la calidad de vida. Respecto a la seguridad, el 61% de los encuestados afirma sentirse más seguro y protegido en España que en sus países de origen.

El clima, valorado positivamente en el estudio, se considera un aspecto fundamental a la hora de mudarse al país ibérico para un 39% de los entrevistados, mientras el 56% apuntó a la calidad de vida como la principal razón para hacer el traslado.

El informe también refleja que ocho de cada diez (el 83%) de los extranjeros residentes considera que su bienestar general ha mejorado, lo que ha provocado que un 62% haya decidido quedarse más tiempo en territorio español.

Los puntos débiles del país ibérico se han concentrado en el aspecto profesional y económico. Los entrevistados consideran que España no es el mejor lugar para progresar a nivel profesional o adquirir un buen sueldo, y solo una cuarta parte lo considera un buen país para impulsar una carrera profesional.

MEJORES PAÍSES PARA LOS EXPATRIADOS

	CLASIFICACIÓN		
	2019	Variac.	2018
Suiza	1º	▲	8º
Singapur	2º	▼	1º
Canadá	3º	▲	4º
España	**4º**	▲	**13º**
Nueva Zelanda	5º	▼	2º
Australia	6º		6º
Turquía	7º	▲	22º
Alemania	8º	▼	3º
Emiratos A. U.	9º		9º
Vietnam	10º	▲	18º

Fuente: HSBC. EL PAÍS

Razones para invertir en España

España es la cuarta economía más grande de la zona euro, la quinta de la Unión Europea, la décima entre los países de la Organización para la Cooperación y el Desarrollo Económicos (OCDE) y el número catorce a nivel mundial.

Es por ello por lo que uno de los aspectos que mayor atractivo brindan a España es el potencial de crecimiento de su economía.En este sentido, el capital extranjero que ha recibido el país ha avivado el incremento del PIB y la tasa de empleo, así como su productividad.

A la hora de invertir en el exterior, el tamaño y la fuerza del mercado del país de destino son una cuestión decisiva. Así lo indican los datos reflejados por ICEX-Invest in Spain. "La economía española ofrece un tamaño atractivo en una comparativa internacional, siendo una economía líder en elcontexto europeo", señalan desde el organismo.

España es un país con grandes oportunidades de negocio por su crecimiento económico sostenido, por su competitividad geopolítica y potencia marítima que abre la puerta a nuevos mercados en Latam (Latino América), Marruecos, Norte de África o en Oriente Próximo. También es un lugar con un proceso de digitalización abierto.

Asimismo, las empresas de reciente creación -startups- suman inversión internacional hasta representar el 60% del capital aportado en las mismas.

Excelente ubicación geográfica. En un mundo de economía globalizada no cabe duda de que la ubicación geográfica juega un papel importante a la hora de decidir la creación de empresas o las inversiones.

España, a este nivel, se convierte sin duda en uno de los mejores destinos para crear una empresa o para invertir, ya que se encuentra en una ubicación geográfica privilegiada para la realización de negocios internacionales; no olvidemos que no sólo pertenece a la UE sino que también representa un punto fundamental en el contacto con Sudamérica, y a la vez, la puertade acceso al continente africano, sin olvidar por supuesto las conexiones directas con el ámbito europeo. Los puertos de Algeciras, Valencia y Barcelona se encuentran entre los principales puertos de Europa en términos de tráfico marítimo.

Crear una empresa en España es un proceso sencillo, que requiere algo de tiempo y conocimientos, pero al alcance de cualquier persona con suficientes medios. Los modelos de empresas siguen la línea marcada en el global de los países OCDE con un panorama de opciones societarias amplio capaz de asumir muy distintos modelos empresariales.

A esto debemos sumar un ámbito en el que la liberalización sobre materia de inversiones extranjeras y control de cambio es muy amplia, siguiendo la normativa de la UE.

Confianza de los mercados. Incluso durante procesos políticos complejos, la confianza de los mercados se sostiene de manera más que razonable en España.

Esto no es ninguna novedad, ya que los movimientos realizadosen los últimos años, tales como la compra de deuda en el mercado secundario por parte del Banco Central Europeo (BCE)

La atractiva oferta cultural española, unido a movimientos federales en el ámbito europeo como la defensa del euro,también repercutieron en la economía española que, muy lejos de una prima de riesgo tremendamente elevada en 2011, actualmente se mantiene estable, con los intereses por pago dedeuda reducidos y, sólida en cuanto a la confianza recuperada en general por los inversionistas.

Legislación favorable sobre patentes y marcas. España cuenta con una legislación moderna y adecuada a los tiempos actuales en lo que a patentes, marcas y diseños industriales se refiere, con una tramitación eficiente y económica que lo hace atractivo para la inversión tecnológica.

España es el 2º país del mundo con más patentes de energía renovable (energía solar) por habitante, por delante incluso de economías como Estados Unidos.

Economía de mercado abierta con presencia global. En menos de 20 años el sector exterior de la economía española se ha duplicado en lo que a porcentaje del PIB se refiere.

La actividad empresarial en el extranjero a comienzos del siglo apenas representaba el 35% del PIB, pero, en los últimos años este porcentaje ha llegado a superar el 60%.

Infraestructura. Según el estudio Global Comptetitiveness Report del World Economic Forum, se ha ubicado a España en el puesto número 12 de los países más interesantes a nivel mundial. Una excelente red de infraestructuras y comunicaciones:

La extensa red de carreteras y ferrocarril, así como, el número y ubicación de puertos y aeropuertos, dotan a España de una red de comunicación excepcional que favorece tanto al comercio como al turismo.

La red de trenes de alta velocidad es líder en Europa con más de 2.900 kilómetros de vías, siendo un modelo de referencia a nivel mundial. A lo que hay que añadir la eficiente y renovada red de transportes en lasgrandes ciudades.

<u>Talentos e innovación.</u> Otro de los factores interesantes es el talento. Se trata de uno de los aspectos fundamentales que influye en la competitividad de las empresas.

España se posiciona como uno de los países del viejo continente con menores problemas para encontrar especialistas TIC y, en general, con mayor facilidad para encontrar talento frente a otros de Europa, el séptimo de entre 24.

En el año 2017, dentro de las 1.000 empresas de la UE que mayor gasto en I+D habían realizado destacaban 21 compañías españolas. Por otro lado, casi un 11% de las empresas calificadas como "innovadoras" en España son de capital extranjero y el 32% de ellas cuentan con más de 250 empleados.

No parece existir una falta de generación ni financiación, no obstante, el capital extranjero puede ser un aspecto clave para fomentar la proliferación del estatus innovador en España.

Una cuestión muy valorada por las multinacionales es nuestra formación. La tasa de matriculación en educación universitaria es la segunda mayor de la Unión Europea, superada solo por Alemania. España tiene 40 universidades dentro del Ranking Top 1000 del Center for World University Rankings, siendo el 5º país de Europa en este listado.

Costos. En lo que respecta a sus costes también lo convierten en un país interesante para la inversión extranjera. La OCDE afirma que es uno de los más competitivos.

Por su parte, los costes de alquilar oficinas son ligeramente inferiores en España que en otros países europeos. Y no solo esto, sino que los costes laborales, industriales, energéticos, farmacéuticos son inferiores con respecto a los de sus principales competidores. En cambio, los fiscales son similares a los de la media europea.

Entorno de negocios e instalación. Finalmente, otro de los motivos interesantes para invertir en España es su entorno de negocios. Su calidad democrática le ha posicionado entre los mejores sistemas políticos del mundo con una actitud "positiva y abierta".

España se caracteriza por ser uno de los países que más facilidades proporciona al momento de instalarse. Siendo uno de los 10 que más favorece la inversión extranjera.

Ello ha supuesto que acapare el 2,1% del stock de inversión extranjera directa, una cifra muy superior a la media de los países de la OCDE (los más desarrollados del mundo), con un 0,7%.

ANEXO 1.

La Zona Schengen es una zona en la que 26 naciones europeas reconocieron la abolición de sus fronteras para la libre circulación sin restricciones de personas, bienes, servicios y capital, en armonía con unas normas comunes de control de fronteras exteriores y reforzando la lucha contra la delincuencia mediante la cooperación policial y el fortalecimiento de un sistema judicial común. La Zona Schengen se estableció en 1995, tras el Acuerdo de Schengen."

Gracias al Espacio Schengen, las fronteras entre los países europeos solo existen en los mapas. Los más de 400 millones de ciudadanos de los países miembros tienen la garantía de una libre circulación como en un mismo país.

Las fronteras exteriores del Espacio Schengen alcanzan una distancia de 50 000 km de largo, donde el 80% de las mismas están compuestas por agua y un 20% de tierra.

El Espacio cuenta con cientos de aeropuertos y puertos marítimos, varios puntos de cruce de tierra, un área de

4.312.099 millones de km^2 y una población de 419.392.429 millones de ciudadanos.

Zona Schengen y Unión Europea

De los 26 países del espacio Schengen, 22 pertenecen a la Unión Europea mientras que cuatro de ellos son estados asociados a la misma UE (Noruega, Suiza, Islandia y Liechtenstein), con estos cuatro países no existen el acuerdo de visado.

Entre tanto la Unión Europea es una Organización Internacional constituida por una comunidad política. Nace en 1993 a través de un tratado que pretende acoger la integración común de los Estados de Europa. Actualmente la conforman un total de 28 países que pueden ir cambiando según la adhesión de nuevos estados y actualmente a la salida de otros.

En el espacio Schengen se garantiza la libre circulación. Esto permite que las personas que crucen las fronteras de cualquierade los países del espacio Schengen pueden circular libremente y permanecer allí hasta la fecha límite de sus visados.

A continuación, la lista de países de cada grupo y subrayados los países que se repiten en Unión Europea y Zona Schengen.

Los países de la Zona Schengen son: Alemania, Austria, Bélgica, Dinamarca, Eslovaquia, Eslovenia, España, Estonia, Finlandia, Francia, Grecia, Hungría, Islandia, Italia, Letonia, Liechtenstein, Lituania, Luxemburgo, Malta, Noruega, Países Bajos, Polonia, Portugal, República Checa, Suecia y Suiza. Al obtener GOLDEN VISA que podréis circular por estos 26 países libremente.

Los Países de la Unión Europea son: Alemania, Austria, Bélgica, Bulgaria, Chipre, Croacia, Dinamarca, Eslovaquia, Eslovenia, España, Estonia, Finlandia, Francia, Grecia, Hungría, Irlanda, Italia,

Letonia, Lituania, Luxemburgo, Malta, Países Bajos, Polonia, Portugal, Reino Unido, República Checa, Rumanía y Suecia.

Islandia, Noruega y Suiza son países que se encuentran en el continente europeo y que son miembros asociados del Espacio Schengen, pero no de la Unión Europea.

Las Islas Azores, Madeira y las Islas Canarias son territorios miembros especiales de la Unión Europea y parte del Espacio Schengen, incluso encontrándose fuera del continente europeo.

Por otra parte, Mónaco, San Marino y Ciudad del Vaticano han abierto sus fronteras, pero no son miembros del Espacio Schengen.

ÁREA SCHENGEN 26		UNIÓN EUROPEA 28	
Alemania	Liechtenstein	Alemania	Irlanda
Austria	Lituania	Austria	Italia
Bélgica	Luxemburgo	Bélgica	Letonia
Dinamarca	Malta	Bulgaria	Lituania
Eslovaquia	Noruega	Chipre	Luxemburgo
Eslovenia	Polonia	Croacia	Malta
España	Portugal	Dinamarca	Polonia
Estonia	República Checa	Eslovaquia	Portugal
Finlandia	Suecia	Eslovenia	Reino Unido
Francia	Suiza	España	República Checa
Grecia		Estonia	Rumanía
Holanda		Finlandia	Suecia
Hungría		Francia	
Islandia		Grecia	
Italia		Holanda	
Letonia		Hungría	

Características de la Zona Schengen

- La abolición de las fronteras entre los países europeos se ha traducido en:
- Los ciudadanos de cualquier país del mundo, cuando se encuentren en el Espacio Schengen, podrán cruzar libremente las fronteras interiores de los países Schengen, libres de controles fronterizos.
- Estándares compartidos para el cruce de las fronteras exteriores de los países del Espacio Schengen.
- Condiciones armonizadas de visado de entrada y de estanciade corta duración para todos los países Schengen.

- Mejora de la colaboración entre la policía de los países miembros.
- Colaboración judicial privilegiada entre los países del Espacio Schengen, incluida una extradición más rápida de los delincuentes y facilitación de la extradición para la ejecuciónde sentencias penales.
- Una base de datos compartida avanzada que ayuda a los países miembros a intercambiar rápidamente información sobre personas y bienes, conocido como el Sistema de Información de Schengen (SIS).
- A pesar del alcance de la libertad garantizada por el Espacio Schengen, la policía goza de la autoridad para efectuar controles en las fronteras interiores y en las zonas fronterizas, en determinadas circunstancias, pero no se considera un control fronterizo. La policía puede requerir información de personas en las fronteras interiores sobre la estancia en el Espacio de Schengen y otras preguntas asociadas.
- Si no se cuenta con una seguridad interna completa debido a una amenaza grave, un país del Espacio Schengen puede reintroducir temporalmente controles fronterizos en sus fronteras interiores, pero durante no más de 30 días.

Residir en la Zona Schengen

En los supuestos de visados de residencia previstos en el Reglamento (UE) 265/2010, por el que se modifica el Convenio de aplicación del Acuerdo de Schengen y el Reglamento (CE) 562/2006, de 15 de marzo, por lo que se refiere a la circulaciónde personas con visados de larga duración, así como para las autorizaciones de residencia, el solicitante deberá acreditar el cumplimiento de los siguientes requisitos:

a) No encontrarse irregularmente en territorio español.
b) Ser mayor de 18 años.
c) Carecer de antecedentes penales en España y en los países donde haya residido durante los últimos cinco años, por delitos previstos en el ordenamiento jurídico español.
d) No figurar como rechazable en el espacio territorial de países con los que España tenga firmado un convenio en talsentido.
e) Contar con un seguro público o un seguro privado de enfermedad concertado con una Entidad aseguradora autorizada para operar en España.
f) Contar con recursos económicos suficientes para sí y para los miembros de su familia durante su periodo de residencia en España.
g) Abonar la tasa por tramitación de la autorización o visado.

Solicitud del Visado Schengen

Los requisitos generales de entrada y residencia para extranjeros NO EUROPEOS, que no vayan a desarrollar actividades remuneradas

1. Dirigirse a la embajada o consulado del país por el que se vaya a entrar en el espacio Schengen.
2. Con la solicitud se debe rellenar el formulario de visado Schengen.
3. Dos fotografías a color con fondo blanco y recientes.
4. El pasaporte en vigor y con una fecha de vigencia de la menos 3 meses superior a la fecha de vuelta y con al menos dos hojas en blanco.
5. Certificado que acredite que se ha contratado un seguro visa Schengen obligatorio.

6. Acreditar el motivo del viaje: por trabajo, turismo, visita a un familiar, etc.
7. Copia de los billetes de avión, tanto de ida, pero sobre todo de vuelta.
8. Reserva de alojamiento o en caso de alojarse en casa de un familiar, una carta de acogida de dicho familiar que acredite tu visita.
9. Recursos económicos: debes demostrar que se dispone de recursos económicos para afrontar el viaje y la estancia durante el mismo. En función del país de entrada al espacio Schengen los requisitos pueden variar. Por ello, desde la misma embajada y/o consulado el personal de atención informará de las particularidades de cada destino.

ANEXO 2.

A continuación nos referiremos literalmente a la Ley 14/2013 de 27 de septiembre de Apoyo a los Inversionistas y su Internalización, en cuanto al PRIE, Programa de Residencia para Inversores y Emprendedores, incluyendo las modificaciones a la Sección 2º sobre Movilidad Internacional, centrados específicamente en el Capítulo I, sobre Facilitación de entrada y permanencia en España por razones de interés económico, y más específicamente a todo lo relativo a la visa para inversionistas inmobiliarios.

Veréis que en ningún momento se habla de GOLDEN VISA, dejando claro que es un nombre artístico que alguien se inventó y que todos hemos adoptado. Seguramente vendrá del vínculo mental de que lo dorado es de oro y está relacionado con el dinero, una condición indispensable en este proceso.

LA ENTRADA Y PERMANENCIA (Art. 61)

"...Art. 61. Los extranjeros que se propongan entrar o residir, o que ya residan, en España verán facilitada su entrada y permanencia en territorio español por razones de interés económico de acuerdo con lo establecido en esta Sección, en aquellos supuestos en los que acrediten ser:

a) Inversores...

b) Emprendedores.

c) Profesionales altamente cualificados.

d) Investigadores.

e) Trabajadores que efectúen movimientos interempresariales dentro de la misma empresa o grupode empresas.

"...2. Lo dispuesto en esta sección no se aplicará a los ciudadanos de la Unión Europea y a aquellos extranjeros a los que les sea de aplicación el derecho de la Unión Europea por ser beneficiarios de los derechos de libre circulación y residencia.

REQUISITOS GENERALES (Art. 62)

a) No encontrarse irregularmente en territorio español. b) Ser mayor de 18 años.

c) Carecer de antecedentes penales en España y en los países donde haya residido durante los últimos cinco años, por delitos previstos en el ordenamiento jurídico español.

d) No figurar como rechazable en el espacio territorial de países con los que España tenga firmado un convenio en tal sentido.

e) Contar con un seguro público o un seguro privado de enfermedad concertado con una Entidad aseguradora autorizada para operar en España.

f) Contar con recursos económicos suficientes para sí y para los miembros de su familia durante su periodo de residencia en España.

g) Abonar la tasa por tramitación de la autorización o visado.

4. El cónyuge o persona con análoga relación de afectividad, los hijos menores de edad o mayores que, dependiendo económicamente del titular, no hayan constituido por sí mismos una unidad familiar y los ascendientes a cargo, que se reúnan o acompañen a los extranjeros enumerados en el apartado 1 del Art. 61, podrán solicitar, conjunta y simultánea o sucesivamente, la autorización y, en su caso, el visado. Para ello deberá quedar acreditado el cumplimiento de los requisitos previstos en el apartado anterior.

5. Lo dispuesto en la presente Ley se entenderá sin perjuicio del cumplimiento, por los sujetos obligados, de las obligaciones establecidas en la Ley 10/2010, de 28 de abril, de prevención del blanqueo de capitales y de la financiación del terrorismo y las obligaciones tributarias o de Seguridad Social correspondientes.

6. Las Misiones diplomáticas y Oficinas Consulares, al recibir las solicitudes de visados de residencia, efectuarán a la Dirección General de la Policía las consultas pertinentes destinadas a comprobar si el solicitante representa un riesgo en materia de seguridad.

La Dirección General de la Policía deberá responder en el plazo máximo de siete días desde la recepción de la consulta, transcurridos los cuales sin haber obtenido respuesta se entenderá que su sentido es favorable.

> Se modifica el apartado 4 por la disposición final 11.1 de la Ley 25/2015, de 28 de julio. Ref. BOE-A-2015-8469

RESIDENCIA PARA INVERSORES (Art. 63)

En el Art. 63, del capítulo II de la Ley 14/2013 de 27 de septiembre de Apoyo a los Inversionistas y su Internalización, se hace referencia al visado para inversores, definiéndose comotal las siguientes opciones:

1.   Los extranjeros no residentes que se propongan entrar en territorio español con el fin de realizar una inversión significativa de capital podrán solicitar el visado de estancia, o en su caso, de residencia para inversores quetendrá una duración de un año.

2.   Se entenderá como inversión significativa de capital aquella que cumpla con alguno de los siguientes supuestos: ..."

"...b) La adquisición de bienes inmuebles en España con una inversión de valor igual o superior a 500.000 euros por cada solicitante..."

Este es el lugar donde nosotros nos quedamos, y donde creemos que se generan las mejores oportunidades para el familiar y por supuesta la venta de propiedades que es lo que nos interesa y lo que hacemos mejor.

"...3. Se entenderá igualmente que el extranjero solicitante del visado ha realizado una inversión significativa de capital cuando la inversión la lleve a cabo una persona jurídica, domiciliada en un territorio que no tenga la consideración de paraíso fiscal conforme a la normativa española, y el extranjero posea, directa o indirectamente, la mayoría de sus derechos de voto y tenga la facultad de nombrar o destituir a la mayoría de los miembros de su órgano de administración.

4. Si la inversión se lleva a cabo por un matrimonio en régimen de gananciales o análogo y la cuantía no asciende, al menos, al doble de los umbrales previstos en las letras a)y b) del apartado 2 se considerará que ha sido efectuada por uno de los cónyuges, pudiendo el otro cónyuge solicitar un visado de residencia como familiar en los términos establecidos en el Art. 62.4.

Se modifica por la disposición final 11.2 de la Ley 25/2015, de 28 de julio. Ref. BOE-A-2015-8469

ACREDITACIÓN DE LA INVERSIÓN (Art. 64)

Según el Art. 64, para la concesión del visado de residencia para inversores será necesario cumplir los siguientes requisitos:

a)   En el caso previsto en la letra a) del apartado 2 del Art. 63, el solicitante deberá acreditar haber realizado la inversión en la cantidad mínima requerida, en un periodo no superior a un año a la presentación de la solicitud, de la siguiente manera:..."

"...b) En el supuesto previsto en la letra b) del apartado 2º del Art. 63 el solicitante deberá acreditar haber adquirido la propiedad de los bienes inmuebles mediante certificación de dominio y cargas del Registro de la Propiedad que corresponda al inmueble o inmuebles. La certificación podrá incorporar un código electrónico de verificación parasu consulta en línea. Esta certificación incluirá el importe de la adquisición; en otro caso, se deberá acreditar mediante la aportación de la escritura pública correspondiente.

Si en el momento de la solicitud del visado, la adquisición de los inmuebles se encontrara en trámite de inscripción en el Registro de la Propiedad, será suficiente la presentación de la citada certificación en la que conste vigente el asiento de presentación del documento de adquisición, acompañada de documentación acreditativa del pago de los tributos correspondientes.

El solicitante deberá acreditar disponer de una inversión en bienes inmuebles de 500 000 € libre de toda carga o gravamen. La parte de la inversión que exceda del importe exigido podrá estar sometida a carga o gravamen.

Si el extranjero no ha formalizado la compra del inmueble o inmuebles, pero existe un precontrato con garantía en su cumplimiento por medio de arras u otro medio admitido en derecho formalizado en escritura pública, deberá presentar junto con el cumplimiento de los requisitos indicados en el Art. 62.3.

El precontrato con garantía junto con un certificado de una entidad financieraestablecida en España en el que se constate que el solicitante dispone de un depósito bancario indisponiblecon la cantidad necesaria para la adquisición, cumpliendo el contrato comprometido, del inmueble o inmuebles indicados, incluyendo cargas e impuestos.

El importe del depósito sólo podrá ser utilizado para la compra final del inmueble o inmuebles indicados en el precontrato con garantía. En este supuesto, el interesado recibirá un visado de residencia para inversores de duración máxima de 6 meses.

Si se acredita la compra efectiva del inmueble o inmuebles indicados, el interesado podrá solicitar un visadode residencia para inversores de un año de duración o una autorización de residencia para inversores conforme al Art. 66..."

Se modifica por la disposición final 11.3 de la Ley 25/2015,de 28 de julio. Ref. BOE-A-2015-8469

EFECTOS DEL VISADO (Art. 65)

De acuerdo con el Art. 65, la concesión del visado de residencia para inversores constituirá título suficiente para residir y trabajar en España durante su vigencia.

Se modifica por la disposición final 11.4 de la Ley 25/2015,de 28 de julio. Ref. BOE-A-2015-8469

"...Según el Art. 66:

Los inversores extranjeros que realicen una inversión significativa de capital podrán solicitar una autorización de residencia para inversores, que tendrá validez en todo el territorio nacional. La concesión corresponderá a la Dirección General de Migraciones y su tramitación se efectuará por la Unidad de Grandes Empresas y Colectivos Estratégicos..."

"...2. Si el solicitante de la autorización de residencia es titular de un visado de residencia para inversores en vigor ose encuentra dentro del plazo de los noventa días naturales posteriores a la caducidad del visado, deberá acreditar, además del cumplimiento de los requisitos generales previstos en el Art. 62...:

a) En el supuesto previsto en la letra a) del apartado 2º del Art. 63 el inversor deberá demostrar que ha mantenido la inversión de un valor igual o superior a la cantidad mínima requerida..."

"...b) En el supuesto previsto en la letra b) del apartado 2 del Art. 63, el solicitante deberá demostrar que el inversor es propietario del bien o bienes inmuebles por la cantidad mínima exigida en dicho artículo. Para ello deberá aportar el certificado o certificados de dominio y cargas del Registro de la Propiedad que corresponda al inmueble o inmuebles y debe estar fechado dentro de los 90 días anteriores a la presentación de la solicitud.

Si el solicitante está en posesión de un visado de residencia para inversores de 6 meses, deberá demostrar que ha adquirido de forma efectiva el inmueble o inmuebles indicados mediante la documentación correspondiente..."

"...3. Si el solicitante de la autorización de residencia para inversores se encuentra legalmente en España y no es titular del visado de residencia para inversores deberá acreditar, además del cumplimiento de los requisitos generales previstos en el Art. 62, la realización de una inversión significativa de capital conforme al Art. 64.

Si la inversión se lleva a cabo por un matrimonio en régimen de gananciales o análogo y la cuantía no asciende, al menos, al doble de los umbrales previstos en el Art. 63.2 a) y b) se considerará que ha sido efectuada por uno de los cónyuges, pudiendo el otro cónyuge solicitar una autorización de residencia como familiar en los términos establecidos en el Art. 62.4..."

"...Si el extranjero no ha formalizado la compra del inmueble o inmuebles, pero existe un precontrato con garantía en su cumplimiento por medio de arras u otro medio admitido en derecho formalizado en escritura pública, deberá presentar junto con el cumplimiento de los requisitos indicados en el Art. 62.3.

El precontrato con garantía junto con un certificado de una entidad financiera establecida en España en el que se constate que el solicitante dispone de un depósito bancario indisponible con la cantidad necesaria para la adquisición, cumpliendo el contrato comprometido, del inmueble o inmuebles indicados, incluyendo cargas e impuestos.

El importe del depósito sólo podrá ser utilizado para la compra final del inmueble o inmuebles indicados en el precontrato con garantía. En este supuesto, el interesado recibirá una autorización de residencia para inversores de duración máxima de 6 meses.

Si se acredita la compra efectiva del inmueble o inmuebles indicados, el interesado podrá solicitar una autorización de residencia para inversores..."

Se modifica por la disposición final 11.3 de la Ley 25/2015, de 28 de julio. Ref. BOE-A-2015-8469

DURACIÓN DEL VISADO (Art. 67)

Según el Art. 67...

"...1. La autorización inicial de residencia para inversores tendrá una duración de dos años sin perjuicio de lo establecido en el Art. 66.3 para compras de inmuebles no formalizadas.

2. Una vez cumplido dicho plazo, aquellos inversores extranjeros que estén interesados en residir en España por una duración superior podrán solicitar la renovación de la autorización de residencia por periodos sucesivos de cinco años, siempre y cuando se mantengan las condiciones que generaron el derecho.

3. Si durante el periodo de residencia autorizado se modifica la inversión deberá, en todo caso, mantenerse el cumplimiento de alguno de los supuestos previstos en el Art. 63. No será de aplicación esta previsión en el caso de que la variación del valor se deba a fluctuaciones del mercado..."

Se modifica por la disposición final 11.6 de la Ley 25/2015, de 28 de julio. Ref. BOE-A-2015-8469

MEJORAS DEL MARCO LEGAL.

Tras poco más de seis años de la elaboración de la Ley 14/2013 de Apoyo a los Emprendedores y su Internacionalización, la Ley

25/2015, de 28 de julio, de Mecanismo de Segunda Oportunidad, Reducción de la Carga Financiera y otras Medidasde Orden Social, establece algunos cambios que facilitarán la concesión de los permisos y por ende incentivarán el aumento de las inversiones.

La familia

Una de las cuestiones que se flexibiliza tiene que ver con los familiares que pueden acogerse a la residencia de forma automática junto al titular de la inversión. El Art. 62.4 contemplaba tan solo al cónyuge e hijos menores de 18 años, mientras que la Ley de Extranjería 4/2000 incluye a las parejas de hecho y los ascendientes a cargo o el RD 240/2007 de Régimen Comunitario a parejas, ascendientes y descendientes mayores de edad a cargo.

Si atendemos al perfil de las familias destinatarias de la nueva regulación es imprescindible que el concepto de familiar acompañante del inversor se extienda, tal y como a partir de ahora contemplará dicho Art. 62.4, a las personas con análoga relación de afectividad, a los hijos mayores de edad que no hayan constituido por sí mismos una unidad familiar, así como a los ascendientes del inversor o de su cónyuge dependientes deellos.

Visado provisional

Otra de las modificaciones es la posibilidad de obtener un visadoo autorización provisional por 6 meses para aquellas personas que todavía no hayan formalizado la compra pero ya hayan firmado el contrato de arras y depositado el dinero en España; de modo que podrán prolongar su estancia en España durante el proceso de compra más allá de los 90 días máximos permitidos como turista, y podrán además acceder directamente a la residencia desde

España una vez finalizado el proceso de compra sin necesidad de regresar a su país de origen para tramitar un nuevo visado.

Con este cambio se pretende de algún modo evitar las disfunciones existentes actualmente derivadas de la disparidad de criterios entre unas misiones diplomáticas y otras a la hora de conceder visados turísticos o de negocios, algo que en la práctica supone una traba de base para que el inversor pueda decidir materializar su inversión en nuestro país al ver enormemente dificultado su acceso a España en una fase previa a la inversión que permitirá su residencia definitiva.

La residencia

Es frecuente que no exista una voluntad de residencia habitual en el país que otorga el visado, muchas veces es contar con la posibilidad de viajar a Europa y tener una rentabilidad económica segura para la inversión que se haya realizado.

Es evidente el cambio de mentalidad que para la Administración del Estado en todos sus ámbitos supone la Ley 14/2013, en lo que a visados de inversión y residencia de profesionales cualificados se refiere. No es extraño encontrarse con funcionarios consulares que ni siquiera han oído hablar de los visados de inversores.

A quienes GOLDEN VISA le suena a fantasía americana, o Misiones Diplomáticas con puertas cerradas a cal y canto donde el potencial inversor no tiene modo de tan siquiera acceder a la información más básica, viendo sistemáticamente denegado el visado turístico o de negocios que necesita para conocer *in situ* los proyectos potenciales en los que decidirá invertir.

No obstante, sigue sin solucionarse otra cuestión que es la principal baza de nuestro más directo competidor en esta "cazadel inversor".

Portugal permite la residencia sin necesidad de mantener la inversión transcurridos 5 años y sin necesidad de haber permanecido en el país más de 15 días cada 2 años, por el contrario, en España para poder mantener la residencia sin acreditar el mantenimiento de la inversión es necesario acceder a la residencia de larga duración y para ello no pueden existir ausencias superiores a 10 meses en el cómputo global de los últimos 5 años.

Aprobados los cambios, la normativa corrige algunas de las cuestiones que más desincentivaban la inversión extranjera hasta ahora y sitúa a España a la cabeza de las opciones más ventajosas del panorama internacional en lo que se refiere a requisitos de obtención de GOLDEN VISA o visados de inversor.

Como señalamos al comienzo existen otras opciones de visado que "facilitan la entrada y permanencia en España por razones de interés económico".

La residencia en España por inversión se ha establecido tras la aprobación de la Ley de emprendedores Ley 14/2013, de 27 de septiembre, de Apoyo a los Emprendedores y su Internacionalización.

En la sección 2ª Movilidad internacional, Cap. I: Facilitación de entrada y permanencia, el Art. 61. Entrada y permanencia en España por razones de interés económico, expone:

SUPUESTOS PARA OBTENCIÓN DE VISADO

1. Los extranjeros que se propongan entrar o residir, o que ya residan, en España verán facilitada su entrada y permanencia en territorio español por razones de interés económico de acuerdo con lo establecido en esta Sección, en aquellos supuestos en los que acrediten ser:

a) Inversores.

b) Emprendedores.

c) Profesionales altamente cualificados. d) Investigadores.

e) Trabajadores que efectúen movimientos interempresariales dentro de la misma empresa o grupo de empresas...

INVERSIONES SIGNIFICATIVAS

Luego en el Capítulo II: Inversores. En el Art 63. Sobre Visado de residencia para inversores:

"...1. Los extranjeros no residentes que se propongan entrar en territorio español con el fin de realizar una inversión significativa de capital podrán solicitar el visado de estancia, o en su caso, de residencia para inversores.

2. Se entenderá como inversión significativa de capital aquella que cumpla con alguno de los siguientes supuestos:

a) Una inversión inicial por un valor igual o superior a 2 millones de euros en títulos de deuda pública española, o por un valor igual o superior a un millón de euros en acciones o participaciones sociales de empresas españolas, o depósitos bancarios en entidades financieras españolas.

b) La adquisición de bienes inmuebles en España con una inversión de valor igual o superior a 500.000 euros por cada solicitante.

c) Un proyecto empresarial que vaya a ser desarrollado en España y que sea considerado y acreditado como de interés general, para lo cual se valorará el cumplimiento de al menos una de las siguientes condiciones:

1. º Creación de puestos de trabajo.

2. º Realización de una inversión con impacto socioeconómico de relevancia en el ámbito geográfico en el que se vaya a desarrollar la actividad.

3. º Aportación relevante a la innovación científica y/o tecnológica.

3. Se entenderá igualmente que el extranjero solicitante delvisado ha realizado una inversión significativa de capital cuando la inversión la lleve a cabo una persona jurídica, domiciliada en un territorio que no tenga la consideración de paraíso fiscal conforme a la normativa española, y el extranjero posea, directa o indirectamente, la mayoría de sus derechos de voto y tenga la facultad de nombrar o destituir a la mayoría de los miembros de su órgano de administración.

JUSTIFICACIÓN DE LAS INVERSIONES

En el Art. 64. Forma de acreditación de la inversión. Encontramos lo siguiente:

"...Para la concesión del visado de residencia para inversores será necesario cumplir los siguientes requisitos: a) En el caso previsto en la letra a) del apartado 2 del Art. 63, el solicitante deberá acreditar haber realizado la inversión en la cantidad mínima requerida, en un periodo no superior a 60 días anteriores a la presentación de la solicitud, de la siguiente manera:

1. º En el supuesto de inversión en acciones no cotizadas o participaciones sociales, se presentará el ejemplar de la declaración de inversión realizada en el Registro de Inversiones Exteriores del Ministerio de Economía y Competitividad.

2. º En el supuesto de inversión en acciones cotizadas, se presentará un certificado del intermediario financiero, debidamente registrado en la Comisión Nacional del Mercado de Valores o en el Banco de España, en el que conste que el interesado ha efectuado la inversión a efectos de esta norma.

3. º En el supuesto de inversión en deuda pública, se presentará un certificado de la entidad financiera o del Banco de España en el que se indique que el solicitante es el titular único de la inversión para un periodo igual o superior a 5 años.

4. º En el supuesto de inversión en depósito bancario, se presentará un certificado de la entidad financiera en el que se constate que el solicitante es el titular único del depósitobancario.

b)   En el supuesto previsto en la letra b) del apartado 2 del Art. 63 el solicitante deberá acreditar haber adquirido la propiedad de los bienes inmuebles mediante certificación con información continuada de dominio y cargas del Registro de la Propiedad que corresponda al inmueble o inmuebles. La certificación incorporará un código electrónico de verificación para su consulta en línea.

Si en el momento de la solicitud del visado, la adquisición de los inmuebles se encontrara en trámite de inscripción enel Registro de la Propiedad, será suficiente la presentación de la citada certificación en la que conste vigente el asientode presentación del documento de adquisición, acompañada de documentación acreditativa del pago de los tributos correspondientes.

El solicitante deberá acreditar disponer de una inversión enbienes inmuebles de 500.000 euros libre de toda carga o gravamen. La parte de la inversión que exceda del importe exigido podrá estar sometida a carga o gravamen.

c)   En el supuesto previsto en la letra c) del apartado 2 del Art. 63, se deberá presentar un informe favorable para constatar que en el proyecto empresarial presentado concurren razones de interés general. El informe procederá de la Oficina Económica y Comercial del ámbito de demarcación geográfica donde el inversor presente la solicitud del visado.

GOLDEN VISA
GOLDEN VISA EN OTROS PAÍSES EUROPEOS

Por razones obvias, no iré más allá de la información básica (1) Capital de inversión y (2) el idioma con el fin de desincentivaros, ya que nuestro interés es promocionar la inversión en España y no en otro país europeo.

Los cuatro países más económicos, para invertir en GOLDEN VISA, son los siguiente, y en este orden:

País: Grecia
Idioma: griego
Condiciones GOLDEN VISA: desde   250.000€

País: Portugal
Idioma: portugués
Condiciones GOLDEN VISA: desde   350.000€

País: España
Idioma: castellano
Condiciones GOLDEN VISA: desde   500.000€

País: Chipre
Idioma: griego y turco
Condiciones GOLDEN VISA: desde   2.150.000€

VÍNCULOS

A continuación, los links de las páginas de interés en el procesode GOLDEN VISA:

Embajadas y Consulados de España en Iberoamérica
http://www.exteriores.gob.es/Portal/es/SErviciosAlCiudadano/Paginas/Embajada
sConsulados.aspx#

Red de Oficinas Económicas y Comerciales de España en el

Exterior   https://www.icex.es/icex/es/navegacion-principal/todos-nuestros-
servicios/informacion-de-mercados/paises/mapa/index.html

Unidad de Grandes Empresas y Colectivos Estratégicos
http://extranjeros.mitramiss.gob.es/es/unidadgrandesempresas/index.html

Zona Schengen https://www.schengenvisainfo.com/schengen-visa-countries-
list/

Modelo de solicitud del VISADO
http://extranjeros.mitramiss.gob.es/es/ModelosSolicitudes/Ley_14_2013/MI_T_J
UL_2019.pdf

Modelo de solicitud de autorización para familiares
http://extranjeros.mitramiss.gob.es/es/ModelosSolicitudes/Ley_14_2013/MI_F_J
UL_2019.pdf

Ley 14/2013 de Apoyo a los Inversionistas y su Internalización
https://www.boe.es/buscar/act.php?id=BOE-A-2013-10074

Ley 25/2015 de Mecanismos de Segunda Oportunidad, reducciónde la carga Financiera, y otras
https://www.boe.es/buscar/act.php?id=BOE-A-2015-8469

Reglamento (UE) 265/2010. Convenio de aplicación del Acuerdo de Schengen, refiere a la circulación de personas con visados de larga duración (modificación) https://eur-lex.europa.eu/legal-
content/ES/TXT/PDF/?uri=CELEX:32010R0265&from=EN

Reglamento (CE) 562/2006, de 15 de marzo. Código comunitario de normas para el cruce de personas por las fronteras (Código de fronteras   Schengen)

http://www.exteriores.gob.es/Portal/es/ServiciosAlCiudadano/InformacionParaE
xtranjeros/Documents/C%C3%B3digo%20de%20fronteras%20Schengen.%20Parl
amento%20Europeo.pdf

+34 66 086 2922

ambendana@gmail.com